Die Behandlung der literarisch-musikalischen Werke

(Verbindungen von Schrift- und Tonwerk) nach geltendem Recht.

Von

Dr. Carl Petzl.

1911.

München und Berlin.

J. Schweitzer Verlag (Arthur Sellier).

Inhaltsverzeichnis.

Literaturverzeichnis.

Allfeld, Die Reichsgesetze über das Urheberrecht usw., München 1893.
— Kommentar zu den Gesetzen vom 19. Juni 1901, betr. das Urheberrecht an Werken der Literatur und der Tonkunst und über das Verlagsrecht, München 1902.
Ambros, Aug. Wilh., Geschichte der Musik, Leipzig 1861—1868.
Astor, Das literarische und artistische Miturheberrecht (Leipziger Dissertation), Leipzig 1904.
Bauer, Das musikalische Urheberrecht, Leipzig 1890, Fock.
Begründung, Entwurf eines Gesetzes betr. das Urheberrecht an Werken der Literatur und der Tonkunst nebst Begründung. Reichstag, X. Legislaturperiode, II. Session 1900/02, Aktenstück Nr. 97.
van Calker, Die Delikte gegen das Urheberrecht, Halle a. S. 1894, M. Niemeyer.
— Kritische Bemerkungen zu dem Entwurf eines Gesetzes betr. das Urheberrecht an Verlagswerken der Literatur und der Tonkunst, Halle a. S. 1900, Niemeyer.
Copinger, W. A., The Law of Copyright in works of literature and art. 4. Ausgabe von J. M. Easton, London 1904.
Cosack, Lehrbuch des deutschen Bürgerlichen Rechts, Jena 1900.
Crome, System des deutschen Bürgerlichen Rechts, Tübingen 1908, Mohr.
Dahn, Privatrechtliche Studien in Bausteine, fünfte Reihe, Berlin 1885.
Dambach, Die Gesetzgebung des norddeutschen Bundes betr. das Urheberrecht usw., Berlin 1871.
— Fünfzig Gutachten über Nachdruck und Nachbildung, Leipzig 1891.
— Gutachten des K. Preußischen literarischen Sachverständigenvereins, Leipzig 1874.
Daude, Lehrbuch des deutschen literarischen, künstlerischen und gewerblichen Urheberrechts, Stuttgart 1888.
— Die Reichsgesetze über das Urheberrecht an Werken der Literatur und der Tonkunst und das Verlagsrecht vom 19. Juni 1901, Berlin 1910.
Dernburg, Das bürgerliche Recht des Deutschen Reichs und Preußens, Bd. I, II, III, V und VI, Halle a. S. 1910.
Dunant, Droit des compositeurs de musique, Bern-Paris 1893.
Dungs, Lehrbuch des Urheberrechts an Werken der Literatur und der Künste, Berlin 1910.
Eisenlohr, Sammlung der Gesetze und internationalen Verträge zum Schutze des literarisch-artistischen Eigentums in Deutschland, Frankreich und England, Heidelberg 1856.
Endemann, Das Gesetz betr. das Urheberrecht an Schriftwerken, Abbildungen, musikalischen Kompositionen und dramatischen Werken, Berlin 1871.
Engelmann, Das bürgerliche Recht Deutschlands, Berlin 1906.
Entscheidungen des Reichsgerichts in Zivilsachen.
Entscheidungen des Reichsgerichts in Strafsachen.

Fischer-Henle, Kommentar zum Bürgerlichen Gesetzbuch, München 1906.
Geller, Österreichisches Gesetz betr. das Urheberrecht, Wien 1896.
Ghica, La propriété littéraire et artistique en Roumanie, Paris 1900.
Gierke, Deutsches Privatrecht, I. Bd., Leipzig 1895.
Harum, Die gegenwärtige österreichische Preßgesetzgebung usw., Wien 1857.
Hellmann, Grundriß des deutschen Urheberrechts und Erfinderrechts, München 1909.
Hinschius, über die Schutzberechtigung von Pantomimen und Ballets gegen unbefugte öffentliche Aufführung (Iherings Jahrbücher XXVI [neue Fassung XIV], 185—197), Jena 1888.
Hirschberg, Das Miturheberrecht (Jenaer Dissertation), Berlin 1901.
Hitzig, Das K. Preußische Gesetz vom 11. Juni 1837 zum Schutze des Eigentums an Werken der Wissenschaft und Kunst gegen Nachdruck und Nachbildung, Berlin 1838.
Hebeler, Gesetze über das Urheberrecht in allen Ländern, Leipzig 1902.
Ibach, Die Werke der Literatur und Tonkunst (Leipziger Dissertation), Braunschweig 1906.
Jolly, Die Lehre vom Nachdruck, Heidelberg 1852.
Juristische Wochenschrift 1908 S. 52.
Klostermann, Das geistige Eigentum, Bd. I und II, Berlin 1867 und 1869.
— Das Urheberrecht an Schrift- und Kunstwerken usw., Berlin 1876.
Kohler, Das Autorrecht, Jena 1880.
— Das literarische und artistische Kunstwerk und sein Autorschutz, Mannheim 1892.
— Zur Konstruktion des Urheberrechts. (ArchBürgR. X, 241—286), Berlin 1895.
— Die Idee des geistigen Eigentums. (ArchZivPrax. LXXXII, 141—242), Freiburg und Leipzig 1894.
— Autorrechtliche Studien. (ArchZivPrax. LXXXV S. 339 ff.)
— Urheberrecht an Schriftwerken und Verlagsrecht, Stuttgart 1907.
Kommission, Bericht der XI. Kommission über den Entwurf eines Gesetzes, betr. das Urheberrecht an Werken der Literatur und der Tonkunst. Reichstag, X. Legislaturperiode, II. Session 1900/02, Aktenstück Nr. 214.
Kuhlenbeck, Das Urheberrecht an Werken der Literatur und Tonkunst und das Verlagsrecht, Leipzig 1901, Hirschfeld.
Lindemann, Gesetz betr. das Urheberrecht an Werken der Literatur und der Tonkunst usw., Berlin 1901.
Mandry, Das Urheberrecht an literarischen Erzeugnissen und Werken der Tonkunst, ein Kommentar zum bayerischen Gesetz vom 28. Juli 1865 Erlangen 1867.
Mitteis, Zur Kenntnis des literarisch-artistischen Urheberrechts nach dem österreichischen Gesetz vom 26. Dezember 1895, Stuttgart 1898.
Müller, Das deutsche Urheber- und Verlagsrecht, München 1901.
Münchner Neueste Nachrichten Nr. 447 (24. September 1910).
Opet, Beiträge zur Kritik des Entwurfes eines Gesetzes betr. das Urheberrecht an Werken der Literatur und Tonkunst im ArchZivPrax. XC S. 127 ff.
— Deutsches Theaterrecht, Berlin 1897.
Osterrieth, Altes und Neues zur Lehre vom Urheberrecht, Leipzig 1892.
— Die Geschichte des Urheberrechts in England mit einer Darstellung des geltenden englischen Urheberrechts, Leipzig 1895.
Pouillet, Traité théorique et pratique de la propriété littéraire et artistique et du droit de représentation, II. Aufl., Paris 1894.
Riezler, Deutsches Urheber- und Erfinderrecht, München 1910.
Scheele, Das deutsche Urheberrecht an literarischen, künstlerischen und photographischen Werken, Leipzig 1892.

Schuster, Das Urheberrecht der Tonkunst, München 1891.
— Grundriß des Urheberrechts, Leipzig 1899.
Sautton, The law of copyright, IV. Aufl., London 1903.
Seuffert, Archiv Bd. 7.
— Kommentar zur Zivilprozeßordnung, München 1903
Stenglein, Die Reichsgesetze zum Schutze des geistigen und gewerblichen Eigentums, Berlin 1903.
Stobbe, Handbuch des deutschen Privatrechts, III. Bd., Berlin 1885.
Streißler, Das Recht für Urheber, Buchhandel und Presse, Leipzig 1890.
— Entwurf eines Gesetzes betr. das Urheberrecht an Werken der Literatur und der Tonkunst, kritisch beleuchtet, Leipzig 1899.
Vesque von Püttlingen, Das musikalische Autorrecht, Wien 1864.
Voigtländer, Die Gesetze betr. das Urheberrecht und Verlagsrecht vom 19. Juni 1901, Leipzig 1901.
Volkmann, Deutsche Gesetze und Verträge zum Schutze des Urheberrechts, Leipzig 1877.
Wächter, Das Autorrecht, Stuttgart 1875.
— Das Urheberrecht, Stuttgart 1877.
— Das Verlagsrecht, 2 Bde., Stuttgart 1858.

A. Geschichtliche Entwicklung bis zum LUG.

§ 1.

Zu allen Zeiten waren Ton und Wort eng miteinander verknüpft. Schon im Altertum spielte sowohl bei den unzivilisiertesten Naturvölkern als auch bei den Griechen und Römern „das gesungene Wort“ besonders im Dienste der Gottheit die größte Rolle. Aber schon immer war es nicht etwa die gewöhnliche Rede, die in Gesang wiedergegeben wurde. Die Musik stieg nie von ihrer Höhe herab. Sie will nichts mit dem alltäglichen Leben gemein haben. Da wo der Dichter den Musen huldigt, in erhabeneren Höhen, da ist auch sie zu Hause.

Die Musik kann nicht darstellen, wie andere Künste, die Literatur, die Baukunst. Ihr Gebiet ist das Innenleben des Menschen. Aber die Poesie vermag ihr dahin zu folgen. Auch sie drückt ja vornehmlich Gefühle und Empfindungen aus und so kommt es, daß diese beiden Künste besonders geeignet sind, sich gegenseitig zu ergänzen.

Von einer Ton„kunst“ kann allerdings vor dem mächtigen Aufblühen der katholischen Kirchenmusik im 15. und 16. Jahrhundert nicht die Rede sein. Vorher fehlte dazu ein Hauptfaktor: die Harmonie. Sowohl der altkirchliche Ritualgesang, der wahrscheinlich in vorchristlichen Tempelgesängen seinen musikalischen Ursprung hat, als auch die anspruchslosen Weisen mittelalterlicher Minnesänger waren bloß mehr oder weniger originelle Melodien. Auf die instrumentale Begleitung, die der Sänger sich meist selbst gab, wurde kein weiteres Gewicht gelegt. Es fehlte auch in diesen Zeiten noch an dem Sinn für Harmonie, der sich erst mit dem Aufkommen der Mehrstimmigkeit allmählich entwickelte.

Noch eines aber haben Schriftwerk und Tonwerk gemeinsam. Nicht sowohl, daß beide in der Form des Vortrages auf das menschliche Gehör zu wirken vermögen, sind sie beide durch Schriftzeichen fixierbar. Und dies ist besonders bei literarischen Werken schon in der ältesten Zeit geschehen. Dann aber kamen zwei Ereignisse, die für beide so eng verwandte Künste von größter Bedeutung waren: die Erfindung der Buchdruckerkunst und daran schließend die Erfindung des Notendruckes. Letztere wurde von praktischer Bedeutung, als im Jahre 1498 dem Erfinder des Notendruckes mit beweglichen Typen, Ottaviano Petrucci da Fossembrone in Venedig das Privileg verliehen wurde, 20 Jahre lang allein Figuralgesänge, Orgel- und Lautentabulaturen in der Republick Venedig drucken und verkaufen zu dürfen.[1])

Von jetzt ab war es möglich, Lieder und andere Verbindungen von Wort und Ton nicht nur zu vervielfältigen, denn das war schon früher mit der Handschrift möglich, sondern so verhältnismäßig rasch und billig zu vervielfältigen, daß aus der Vervielfältigung ein Gewinn zu ziehen war. Jetzt wurde auch der Staat auf die Erzeugnisse dieser Künste gelenkt und zwar waren es nicht etwa wie man meinen sollte, die Autoren, die wegen Eingriffe in ihre Rechte Hilfe erheischten, diese hatten damals noch keine Ahnung davon, daß sie überhaupt Rechte haben könnten. Nein diejenigen, die sich an die Staatsgewalt wendeten, waren die Drucker und Verleger. Und schließlich war es ganz begreiflich, daß sich bald niemand mehr gefunden hätte, der unter großem Aufwand von Mühe und Kosten fremde Geisteserzeugnisse gedruckt hätte, wenn er jederzeit hätte gewärtigen müssen, daß der Nächstbeste seine Drucke nachmachte und ein materieller Erfolg dadurch sehr in Frage gestellt worden wäre. Hier mußte der Staat helfend eingreifen und er tat es in der Form von Privilegien, die anfänglich für Druck und Verkauf von literarischen oder musikalischen Erzeugnissen überhaupt oder von einem bestimmten Werk, später stets nur zum Schutz gegen Nachdruck verliehen wurden.

Eines der bekanntesten Privilegien und zugleich eines der ersten in Deutschland für Tonwerke ist das des Nürnbergers Johannes Otto vom Jahre 1533. Diesem wurde darin vierjährig der Schutz gegen Nachdruck für alle Werke gesichert, die in seinem Verlag erscheinen.[2]) Solche Privilegien wurden in Deutschland sowohl von Landesherren als auch von Städten verliehen.[3]) Der oder die Urheber von Text und Musik wurden sowohl bei der Erteilung des Privilegs als auch beim Druck des Werkes in der Regel vollständig ignoriert.[4]) Bald wurden aber doch da und dort immer mehr Stimmen laut, die diese herkömmliche Übergehung der Erzeuger von Geistesprodukten in der schärfsten Weise verurteilten, besonders seitdem Luther sein angeborenes Rechtsgefühl auch in dieser Richtung bekundet hatte.[5]) [6])

Je mehr sich das künstlerische Schaffen steigerte, desto mehr trat

---

[1]) S. Schmid, Ottaviano S. 10; bei Schuster, Tonkunst S. 10.

[2]) Über solche Werke vgl. Ambros II, 31, Geschichte der Musik, Leipzig 1861—1868.

[3]) Außerhalb Deutschlands wurden Privilegien nach Schuster, Tonkunst S. 13, nur von vollkommenen Souveränen, dem Papst, der Republik Venedig, dem König von Frankreich, England usw. erteilt, auch von der Schweizerischen Eidgenossenschaft.

[4]) Manchmal wurde die Zustimmung des Urhebers zum Druck ausdrücklich erwähnt. Daraus entnimmt Schuster S. 11, daß es sonst allgemein üblich war, daß Privilegierung und Druck eigenmächtig vorgenommen wurden. Beisp. S. 11 Anm. 3.

[5]) Im Jahre 1525.

[6]) Konrad Lagus vergleicht den Nachdrucker mit einem Menschenräuber; Muther, Geschichte der Rechtswissenschaft S. 34 (bei Kohler, Urheberrecht S. 62).

ein Bedürfnis nach Schutz ein. So ist es begreiflich, daß sich besonders in einer Kunststadt wie Nürnberg, hauptsächlich durch Luthers Einfluß, ein Verständnis für Rechte des Urhebers früh entwickelte.[1]) Für unser Thema ist das Nürnberger Statut von 1550 sehr wichtig, weil darin zum erstenmal beim Schutz vor Nachdruck auch carmina (musicalia) erwähnt wurden.[2])

Die Folge dieser allgemeinen Bewegung zugunsten der Autoren war, daß jetzt neben den Verlagsprivilegien auch reine Urheberprivilegien erteilt wurden.[3]) Die klägliche Privilegienwirtschaft dauerte bis tief ins 17. ja in manchen Ländern bis ins 18. Jahrhundert fort. Allmählich brach sich aber doch die Ansicht Bahn, daß auch ohne jedes Privileg ein Nachdruck unerlaubt sei,[4]) der Schutz des Urhebers wurde immer entschiedener in Wort und Schrift betont und es wurde bald auch versucht den Schutz von Büchern und Schriften gesetzlich zu ordnen.[5])

Aber die Musik wurde noch lange sehr stiefmütterlich behandelt.[6]) In keinem Gesetze des 18. Jahrhunderts, in keiner gelehrten Abhandlung ist ihrer und ihres Schutzes Erwähnung getan.[7])

Das erste deutsche Gesetz, in dem musikalische Kompositionen erwähnt werden, ist das Preußische Landrecht von 1794, wo in den §§ 990 ff. die Verhältnisse der Verleger zu den Autoren zum ersten Male gesetzlich geregelt wurden. Der § 997 lautet: „Nicht bloß Bücher, sondern auch Landkarten, Kupferstiche, topographische Zeichnungen und musikalische Kompositionen sind ein Gegenstand des Verlagsrechts.“[8])

Im Preußischen Landrecht wird auch der Erwerb vom Urheber her zuerst als Erfordernis des Verlagsrechtes gestempelt.[9])

---

[1]) Das erste Gesetz gegen Nachdruck hat übrigens nach neueren Forschungen Basel 1531 erlassen, s. Kohler, Urheberrecht S. 61.

[2]) S. Schuster, Tonkunst S. 15.

[3]) Heinrich Albert, der berühmte Dichterkomponist, soll für seine Werke Privilegien vom Kaiser, vom König von Polen, vom Kurfürsten von Brandenburg und vom Sächsischen Kurfürsten gehabt haben. S. Gathy, Musikalisches Konversationslexikon (bei Schuster S. 16).

[4]) S. Nürnberger Verordnung vom 10. August 1633; s. Kohler, Urheberrecht S. 66 ff.

[5]) S. Sächsisches Mandat vom 18. Dezember 1773, teilweise abgedruckt bei Schuster, Tonkunst S. 18.

[6]) Der schwunghafte Wiener Musikalienhandel fußte noch Ende des 18. Jahrhunderts auf Privilegien; s. Harum § 13 S. 23 ff.

[7]) Der Hauptgrund ist darin zu suchen, daß im 17. und 18. Jahrhundert Musikalien fast nicht gedruckt oder gestochen, sondern immer geschrieben wurden. Der Notendruck mit beweglichen Typen war ganz vergessen worden. Breitkopf mußte ihn um 1775 schier neu erfinden.

[8]) Eisenlohr, Sammlung der Gesetze und internationalen Verträge zum Schutze des literarisch-artistischen Eigentums S. 51.

[9]) § 998 des Preußischen Landrechts. In Österreich, wo der Musikalienhandel infolge der Begehrtheit Haydnscher, Mozartscher und Beethovenscher Werke viel mehr blühte wie in Deutschland, war noch nicht einmal 1806 in der Buchhändlerverordnung der Musik ein Schutz gewährt, s. Schuster, Tonkunst S. 37. Anders in Frankreich, wo schon 1786 ein Arrêt de conseil erlassen wurde, zunächst allerdings nur gegen eigenmächtige schriftliche Vervielfältigung, s. Pouillet S. 13.

Ein selbständiges Urhebergesetz in dem die musikalischen Kompositionen berücksichtigt waren, hatte zuerst Anhalt-Dessau. Hier erließ der Herzog Leopold Friedrich am 15.—24. November 1827 eine Verordnung gegen den Büchernachdruck und den Handel mit nachgedruckten Büchern, und im § 8 dieser Verordnung[1]) wird der Schutz gegen Nachdruck auch auf musikalische Kompositionen ausgedehnt. Sowohl in dieser Verordnung als auch in andern Urhebergesetzen aus diesen Jahren wurden die musikalischen Geistesprodukte immer im Zusammenhang mit Landkarten, Kupferstichen usw. und zwar immer nach diesen an letzter Stelle erwähnt.[2]) Das ist typisch für die damalige Beurteilung der Musik überhaupt, besonders aber für die Stellung musikalischer Werke unter den übrigen Geistesprodukten.[3])

Deshalb mutet es ziemlich fortschrittlich an, wenn bereits 1829 in einer Verordnung von Sachsen-Meiningen-Hildburghausen die Erfinder und Verfasser von Schrift- und von Tonwerken zusammen genannt werden.[4])

Diese Verordnung hätte sogar noch für unser Gesetz vom 11. Juni 1870 in dieser Beziehung vorbildlich sein können.

Das Anbrechen einer neuen Epoche für die Stellung der Musik im Urheberrecht und damit für Musikverlag und -Handel, bedeutet die Gründung des Vereins Deutscher Musikalienhändler zu Leipzig am 23. Mai 1828, der zum erstenmal in Deutschland Einzelbestimmungen über musikalischen Nachdruck, über Arrangements und Bearbeitungen von Kompositionen erließ. Jetzt gingen auch die Deutschen Gesetze in eine Detaillierung des musikalischen Urheberrechts allmählich über. Bememerkenswert ist das Hessen-Darmstadtsche Gesetz, das schon 1830 in seinem Artikel 6 Abs. 2 bestimmte:[5])

„In bezug auf musikalische Kompositionen ist jede Vervielfältigung in veränderter Form erlaubt, wenn die Schaffung der veränderten Form als Geistesprodukt angesehen werden kann. Ist die Schaffung aber nur mechanischer Natur, dann steht sie unter dem Verbote des Nachdrucks."[6]) Die Verbindungen von Text und Musik

---

[1]) S. Eisenlohr S. 9.

[2]) Vgl. Sachsen-Coburg-Gotha. Verordnung den Nachdruck betreffend vom 18. September 1828, § 1 (Eisenlohr S. 81); Anhalt-Cöthen, Mandat gegen den Nachdruck von Büchern vom 23. Dezember 1828, Nr. 1 (Eisenlohr S. 6).

[3]) Duprée, Beiträge zur Revision der Theorien des Pacht- und Buchhandelkontraktes, Landshut 1811, § 63: „Als Nebenobjekte und Geistesprodukte im entfernteren Sinn haben wir Kupferstiche, Landkarten und Musikalien" (bei Schuster, Tonkunst S. 40).

[4]) S. Sachsen-Meiningen-Hildburghausen, Verordnung den Büchernachdruck und Handel mit nachgedruckten Büchern betreffend vom 7. Mai 1829, Art. 1 (Eisenlohr S. 84).

[5]) Eisenlohr S. 26.

[6]) Auch ein Erläuterungsmandat vom 17. Mai 1831 zu dem schon erwähnten Sächsischen Mandat vom 18. Dezember 1773 regelt den musikalischen Nachdruck eigens. Vgl. auch Braunschweig, Gesetz zum Schutz des Eigentums an Werken der Wissenschaft und Kunst vom 10. Februar 1842 § 3, Eisenlohr S. 17.

waren bisher sowohl von den Gesetzen als auch von der Literatur unberührt geblieben. Die Folge war, daß kraft Gesetzes nirgendwo Beziehungen zwischen dem Verfasser des Textes und dem Komponisten vorhanden waren. Das Tonwerk genoß als musikalische Komposition, der Text als Schriftwerk Schutz und jeder der Autoren ging seine eigenen Wege, insoweit ein Vertrag nicht allgemein zivilrechtliche Beziehungen schuf.

Bald aber sollte es anders werden und zwar trat diesmal ein Umschwung zugunsten der Komponisten ein, die in den letzten Jahrhunderten, vielleicht nicht ohne eigene Schuld, immer in Gesellschaft der Kupferstecher und Topographen eine nebensächliche Rolle in Gesetz und Literatur gespielt hatten.

Der Anstoß war die gesetzliche Anerkennung eines Aufführungsrechtes musikalischer Kompositionen und dramatischer Dichtungen. Während dies in Frankreich schon 1791 anerkannt worden war, kostete es in Deutschland und Österreich schwere Kämpfe, bei denen dramatische Dichter und Komponisten Seite an Seite ihre gemeinsamen Interessen verfochten.[1])

In Juristen- und Regierungskreisen war damals noch zu sehr die naive Ansicht vertreten, daß eine unbefugte Aufführung nur bei unveröffentlichten Werken stattfinde, während jedermann durch den rechtmäßigen Erwerb eines gedruckten Exemplares die Befugnis erlangt, das Werk unumschränkt zu benützen, also auch auf der Bühne aufzuführen. In diesem Sinne sind das Preußische Gesetz von 1837,[2]) der Bundesbeschluß von 1841,[3]) die Lübecker Verordnung vom 31. Juli 1841,[4]) die Sachsen-Altenburgsche Verordnung vom 1. November 1843[5]) und das Gesetz von Sachsen-Weimar-Eisenach vom 11. Januar 1839[6]) abgefaßt.

Der erste deutsche Aufführungsschutz auch für gedruckte Werke ist im Preußischen Gesetz vom 20. Februar 1854 im § 2[7]) enthalten. Jedoch ist hier noch nach französischem Muster die mit dem Autornamen versehene Vorbehaltserklärung auf jedem Druckexemplar Voraussetzung. Dieses Gesetz enthält auch zuerst den später so viel verwendeten Ausdruck „dramatisch-musikalische Werke", über den wir im nächsten Kapitel zu reden haben werden.

Im Sächsischen Gesetz vom 27. Juli 1846 wird zum erstenmal jene so viel umstrittene und heute noch in unserem Gesetz vorhandene

[1]) Vgl. die bei Schuster, Tonkunst S. 220 und S. 43 erwähnte ergebnislose Eingabe von 109 Schriftstellern, Gelehrten und Tondichtern unter Führung Spontinis und Ferdinand Ries.

[2]) § 32 dieses Gesetzes bestimmt, daß die öffentliche Aufführung, solange das Werk nicht durch den Druck veröffentlicht ist, nur mit Erlaubnis des Autors bzw. seines Rechtsnachfolgers, stattfinden dürfe. Eisenlohr S. 59.

[3]) Eisenlohr S. 3 Nr. 1 des Beschlusses.

[4]) Eisenlohr S. 38 Nr. 10a der Verordnung.

[5]) Eisenlohr S. 81 Nr. 4 der Verordnung.

[6]) Eisenlohr S. 91 § 32 des Gesetzes.

[7]) Eisenlohr S. 63; Schuster, Tonkunst S. 222.

einseitige Begünstigung der Komponisten fixiert, daß nämlich der Komponist eines literarisch-musikalischen Werkes bezüglich der Aufführung des Gesamtwerkes nicht nur über die Musik, sondern auch über den Text verfügen könne. Der etwas unbeholfen gefaßte § 16 dieses Sächsischen Gesetzes ist dem Sinne nach dem § 28 Abs. 2 unseres jetzigen Gesetzes sehr ähnlich.[1])

Noch im selben Jahre wurde durch das Österreichische Gesetz vom 19. Oktober ein zweites Privileg des Komponisten statuiert, das sich ebenfalls noch in unserem Gesetz von 1911 im § 20 findet.[2]) Die Auslegung dieses § 7 des Österreichischen Gesetzes ist deswegen eine schwierige, weil das Wort „Beigabe" ein sehr lauer, jedenfalls unjuristischer Begriff ist. So viel ist jedenfalls sicher: das Urheberrecht des Textdichters soll im allgemeinen unberührt bleiben, der Komponist hat lediglich das Recht, den Text mit seiner Musik drucken zu lassen, aber auch den daraus entspringenden Nutzen zu ziehen.[3])

Die beiden im Jahre 1846 in zwei verschiedenen Urhebergesetzen, dem Sächsischen und dem Österreichischen statuierten Begünstigungen der Komponisten vor dem Textdichter, finden wir im Bayerischen Gesetze vom 28. Juni 1865 in veränderter Form wieder vor. Nach Art. 25 dieses Gesetzes gilt es nicht als Nachdruck, wenn der Tonsetzer einen bereits veröffentlichten Text in Verbindung mit seiner Komposition abdruckt. Ein neues Moment ist in dieser Bestimmung: daß das Schriftwerk schon veröffentlicht sein muß. Dadurch wird ein ideelles Interesse der Dichter, nämlich das der Geheimhaltung ihrer Geisteswerke, geschützt. Nach Mandry[4]) ist dieser Art. 25 nichts als eine spezielle Anwendung des im Art. 6 zugrunde gelegten Prinzipes,

---

[1]) S. Eisenlohr S. 78. Der Anfang der Bestimmung „bei musikalischen Kompositionen ist der Komponist dem Unternehmer der Aufführung gegenüber stets zugleich als Eigentümer des dazu gehörigen Textes zu betrachten" zeigt, daß es damals schon allgemein üblich war, daß die Komponisten die Texte vollständig ankauften.

[2]) Der § 7 dieses Österreichischen Gesetzes lautet nämlich: „Der zu einem musikalischen Werke gehörige Text des Gesanges wird als Beigabe der Komposition betrachtet, daher ihn der Tonsetzer, wenn nicht durch Vertrag etwas anderes bestimmt worden ist, mit der Komposition abdrucken lassen kann. Zum Abdrucke des Textes ohne Musik ist die Einwilligung des Dichters erforderlich; sie wird aber, wenn das musikalische Werk zur öffentlichen Aufführung bestimmt ist, in der Art vorausgesetzt, daß derjenige, welcher die Berechtigung zur Aufführung erlangt hat, auch den Text zum Behufe der Benützung bei der Aufführung des Tonwerks mit Andeutung dieser Bestimmung drucken lassen darf." Eisenlohr S. 43.

[3]) Dieses Österreichische Gesetz enthält im § 6d eine merkwürdige Bestimmung. Hier wird nämlich der Titel einer Komposition geschützt. Dies ist heute nicht mehr der Fall, da der Titel an sich kein Schriftwerk ist. Sonst wären die meisten Kompositionen Verbindungen von Schrift- und Tonwerk. Die Frage wurde bei der Beratung des Gesetzes von 1870 erörtert. S. Allfeld (1902) S. 45; Kohler, AutR. S. 260; Schuster, Tonkunst S. 11. Ein Rechtsschutz des Titels eines Geisteswerkes besteht jetzt auf Grund des § 16 des Gesetzes zur Bekämpfung des unlauteren Wettbewerbs vom 7. Juni 1909.

[4]) Mandry, Urheberrecht S. 204.

„daß eine an sich unter den Begriff des totalen oder partiellen Nachdruckes fallende Benützung eines fremden literarischen Erzeugnisses, soweit solche zu gesunder neuer Produktion erforderlich, erlaubt sein solle“.[1]) Ein uneingeschränktes Aufführungsrecht musikalischer dramatischer und dramatisch-musikalischer Werke ist auch im Bayerischen Gesetz noch nicht anerkannt. Nach der Veröffentlichung ist dasselbe vielmehr noch immer von dem Vorbehalte abhängig gemacht.[2]) Die in jenem Sächsischen Gesetze vom Jahre 1846 zuerst statuierte Vertretungsbefugnis des Komponisten bei musikalischen Werken mit Text gelang es glücklicher im Art. 44 des Bayerischen Gesetzes zu fassen.[3]) Es kostete einen langen Kampf in der zu Frankfurt zusammengetretenen Kommission[4]), bis die Bestimmung in dieser Fassung in den Entwurf und dann in das Bayerische Gesetz aufgenommen wurde. Als Grund dieser Regelung wurde das Bedürfnis hervorgehoben, die Aufführung musikalischer und dramatisch-musikalischer Werke nicht dadurch zu erschweren, daß die Einwilligung mehrerer Personen einzuholen sei. Daß dem Komponisten die Vertretung übertragen wurde und nicht dem Textdichter, liegt daran, daß bei den dramatisch-musikalischen Werken der damaligen Zeit der Text zur Musik im Verhältnisse von Nebensache zur Hauptsache stand.[5])

Diesem Bayerischen Gesetze war keine lange Herrschaft beschieden. Schon 1871 wurde wie in allen deutschen Staaten so auch in Bayern am 22. April das Gesetz vom 11. Juni 1870 eingeführt. Dieses Gesetz hat aber sowohl in seiner ganzen Anlage als besonders in den Bestimmungen über musikalische Komposition und über die Aufführung dramatischer, musikalischer und dramatisch-musikalischer Werke große Ähnlichkeit mit dem Bayerischen Gesetze von 1865. Eine Bestimmung, die das urheberrechtliche Verhältnis zwischen Schriftsteller und Komponist eines literarisch-musikalischen Werkes allgemein, nicht nur be-

---

[1]) Die Genehmigung des Dichters ist zum Abdruck eines veröffentlichten Textes nach diesem Gesetze erforderlich, wenn die Veröffentlichung lediglich zum Gebrauche bei einer Aufführung oder zusammen mit einer anderen Komposition vorgenommen war, Art. 25 Abs. 2.

[2]) S. Art. 41 des Gesetzes.

[3]) Art. 44 Abs. 2 des Bayerischen Gesetzes: „Bei musikalischen Kompositionen mit Text, einschließlich der dramatisch-musikalischen Werke, genügt jedoch die Einwilligung des Komponisten (scil. zur Aufführung). Sind dagegen nur einzelne Musikstücke zu einem dramatischen Werke gesetzt, so ist zur Aufführung des letzteren die Genehmigung des Dichters erforderlich und hinsichtlich der Aufführung der Musik, sei es allein, sei es zusammen mit dem Drama, kommt die Vorschrift des Art. 41 Abs. 1 zur Anwendung.“

[4]) Diese Kommission, deren Vorsitz der Rechtsgelehrte und Komponist Vesque von Püttlingen führte, tagte im Herbst 1863 und im Frühjahr 1864 in Frankfurt. Der Versuch mit dem Entwurf dieser Kommission eine einheitliche deutsche Urhebergesetzgebung zu erzielen, scheiterte an der Nichtannahme des Entwurfs durch die meisten Regierungen. Bayern machte eine Ausnahme. S. Mandry S. 23 ff.

[5]) In den Verhandlungen wurde ein solches Verhältnis zum Ausgangspunkte genommen, s. Mandry S. 317.

züglich bestimmter Fälle oder urheberrechtlicher Befugnisse regelt, findet sich auch im ersten Urhebergesetze der Deutschen Reiches noch nicht. „Die Verbindung der Musik mit der Literatur" heißt es in den Motiven S. 40, „machte es nötig, um der ersteren ihre Freiheit zu sichern, daß der Abdruck von Texten zugleich mit der musikalischen Komposition gestattet wird." Deshalb wurde der Abs. 1 des Art. 25 des Bayerischen Gesetzes nur etwas verändert im Wortlaut in das Gesetz von 1870 im § 48 übernommen. Es sind immer noch sämtliche Schriftwerke den Komponisten zum Drucke mit der Komposition überlassen. Im Abs. 2 dieses Paragraphen wurde aber eine den bisherigen Gesetzen neue Ausnahmebestimmung bezüglich solcher Texte getroffen, „welche ihrem Wesen nach für den Zweck der Komposition Bedeutung haben, namentlich Texte zu Opern oder Oratorien". Hier ist die Erlaubnis des Textdichters zum Drucke einzuholen.[1]) Die Erteilung des Aufführungsrechts musikalischer Werke mit Text wurde im Bayerischen Gesetz den Komponisten übertragen. Der Abs. 2 des § 51 wurde fast wörtlich aus dem Bayerischen Gesetze übernommen. Dagegen wurde der zweite Satz des Art. 44 Abs. 2 des Bayerischen Gesetzes weggelassen. Die Grenze zu ziehen zwischen musikalischen Werken mit Text und dramatischen Werken mit einzelnen Musikstücken hatte schon unter der Herrschaft des Bayerischen Gesetzes große Schwierigkeiten bereitet.[2])

B. Die Behandlung der literarisch-musikalischen Werke nach geltendem Recht.

I. Begriff der literarisch-musikalischen Werke.

§ 2.

1. Das Gesetz vom 19. Juni 1901 betr. das Urheberrecht an Werken der Literatur und der Tonkunst enthält endlich in seinem § 5 eine allgemeine Regelung des Verhältnisses zwischen Schriftsteller und Tondichter. Wir sagen „Schriftsteller", nicht wie im vorhergehenden „Textdichter". Der § 5 spricht nämlich ganz allgemein von der Verbindung eines Schriftwerkes mit einem Werke der Tonkunst, wodurch eine Beschränkung auf poetische vor allem auf dramatische Werke, deren Urheber man Textdichter nennt, nicht mehr richtig wäre.

Damit wir aber erkennen können, wann eine Verbindung von Schrift- und Tonwerk im Sinne des § 5 vorliegt, ist es nötig, festzustellen, was unsere heutige Jurisprudenz unter „Schriftwerk" und

---

[1]) Vgl. darüber Scheele S. 129; Endemann S. 79; Schuster, Tonkunst S. 256.

[2]) S Mandry S. 317.

unter „Werk der Tonkunst" versteht. Beide sind Geisteswerke. Deshalb kann man in einer Betrachtung der Geisteswerke und der Voraussetzungen ihrer Schutzfähigkeit im allgemeinen das erörtern, was dem Schriftwerk und dem Werk der Tonkunst vom juristischen Standpunkt aus gemein ist.

Unter Geisteswerk[1]) im Sinne des Urheberrechts ist nicht etwa die Tätigkeit des Geistes zu verstehen, sondern das Produkt dieser Tätigkeit, welches wieder objektiv geeignet sein muß, auf den menschlichen Geist zu wirken.

Solange die Geistesschöpfung nur dem Urheber bekannt ist, ist sie weder schutzbedürftig, noch schutzfähig. Sie muß irgend eine sinnlich wahrnehmbare Gestalt annehmen und als Mittel dazu dienen Sprache, Töne, bildliche und mimische Darstellungen.[2])

Objekt des Schutzes ist nicht jedes Geisteswerk, das in diesen Formen erscheint, sondern nur das individuelle. Die Individualität aber ersehen wir aus der äußeren Formgestaltung. Aus dieser schließen wir auf eine individuelle geistige Tätigkeit. Denn wir vermögen ja nicht in das Innere der Komponisten und Dichter zu blicken. Das Recht muß sich an äußere Merkmale halten und so kann für die juristische Beurteilung des Werkes nur dessen äußere Erscheinung einen Maßstab bieten.[3])

Vielfach wurde besonders in älteren Werken über Urheberrecht verlangt, daß ein Geisteswerk die Fähigkeit haben müsse, Gegenstand des Verlags zu sein.[4]) Mandry (S. 76) hielt sogar die Verlagsfähigkeit für das einzige Kriterium der Schutzfähigkeit. Die Forderung der Verlagsfähigkeit ist aber ebenso unhaltbar wie diejenige Endemanns[5]), der Absicht der Publikation verlangt oder die Klostermanns, der eine stattgefundene mechanische Vervielfältigung als Voraussetzung für die Schutzberechtigung fordert.[6]) Die Verlagsfähigkeit ist nämlich eine so

---

[1]) Der Ausdruck kommt in unseren Urhebergesetzen nicht vor. Über die Gründe s. Motive 13, Kuhlenbeck S. 70; Allfeld S. 36.

[2]) Letztere kommen aber für das Recht erst seit 10. Mai 1910 selbständig in Betracht, da vorher choreographische und pantomimische Werke nur als „Schriftwerke" geschützt waren.

[3]) S. darüber Ullmann, über das Urheberrecht an Briefen S. 24.

[4]) Der Preußische Literarische Sachverständigenverein hielt lange an dieser Ansicht fest. Vgl. auch RGZ. XXII, 174 und XII, 19, 88; RGStr. XXVII, 24; Verlagsfähigkeit verlangen ferner: Wächter, VR. I, 157, AR. 45; Dambach, Gesetzgebung S. 14, 213, 220; Gutachten 1891 S. 40, 56, 114 ff.; Scheele S. 5, 113, 118; van Calker, Delikte 91. Dagegen: Gierke S. 770; Kuhlenbeck S. 67 und die jetzige Rechtsprechung. In neuerer Zeit wurde die Bedingung der Verlagsfähigkeit dahin modifiziert, das Werk müsse seiner Gattung nach verlagsfähig sein. Auch damit ist nichts zu erreichen. S. auch Osterrieth, „Altes und Neues", S. 89; Schuster, Tonkunst S. 63.

[5]) Endemann S. 5; dagegen Kuhlenbeck in SeuffArch. Bd. 7 S. 97.

[6]) Vorher, sagt Klostermann, Urheberrecht S. 37, sei nur ein mögliches Urheberrecht vorhanden. Das erinnert an die privilegierte Okkupationsbefugnis im Jagdrecht; solange von derselben kein Gebrauch gemacht ist, besteht kein Eigentum des Jagdberechtigten am Wilde. Vgl. auch Gierke S. 770 und RGZ. 41 S. 48.

wechselnde Eigenschaft eines Geisteswerkes, daß sie unmöglich zum Maßstabe für den gesetzlichen Schutz dienen kann.[1]) Auch der künstlerische Wert[2]) und der Umfang der Arbeit spielen in bezug auf den Autorrechtsschutz keine Rolle. Sogar Epigramme, Inschriften, Signale, die nur aus eigenen Tönen bestehen, sind schutzfähig und geschützt.[3])

Ferner wird der urheberrechtliche Schutz auch gewährt, wenn der Inhalt des Werkes gegen ein Gesetz oder gegen die guten Sitten verstößt.[4]) Schließlich wird er in gleicher Weise unvollendeten Bruchstücken und Teilen einer Geistesschöpfung[5]) wie unausgearbeiteten Entwürfen und Skizzen zu teil.

2. Tritt das Ergebnis einer individuellen geistigen Tätigkeit zur Erscheinung in der Form von Schriftzeichen oder mündlicher Rede, so haben wir es mit einem „Schriftwerk" zu tun.

Unter Schriftwerk[6]) versteht man nämlich jedes durch die Schrift mitteilbare Geisteswerk mit individueller Form.[7]) Daß eine schriftliche Fixion bereits stattgefunden hat oder stattfindet, ist nicht nötig, wenn dies auch manchmal irrtümlich gefordert wird.[8]) Legt es auch das Wort Schriftwerk nahe, nur an Werke zu denken, die durch die Schrift in die äußere Erscheinung getreten sind, so muß doch auch eine in der Form der mündlichen Rede an die Öffentlichkeit gebrachte originelle Geistesschöpfung unbedingt geschützt sein.[9]) Ausschlaggebend für obige Ansicht dürfte auch der Umstand sein, daß die Mitteilung selbst etwas rein äußerliches, mit der geistigen Produktion nichts Verwandtes ist,

---

[1]) Ausführlich darüber: Allfeld S. 50 ff.; Kuhlenbeck S. 67: „Ein Blick auf die Verlagsfähigkeit lehrt, daß es gar kein besonderes Kriterium der Verlagsfähigkeit gibt."

[2]) S. aber RGStr. Bd. XII S. 359; über Wert, Umfang und Zweck vgl. Daude, Gutachten vom 26. Februar 1907 S. 34.

[3]) Man hat für den entgegengesetzten Standpunkt aus dem Wort „Werk" entnehmen wollen, daß es sich nur um größere Arbeiten handeln könne. S. Dernburg, Preußisches Privatrecht Bd. II S. 943; vgl. auch RGStr. Bd. XII S. 359 und Allfeld S. 52 ff.

[4]) S. Klostermann S. 153; Kohler a. a. O. S. 327 schränkt dies ein. Betreff musikalischer Werke Schuster, Tonkunst S. 51 ff.

[5]) S. Daude, Gutachten vom 30. Oktober 1903 S. 222.

[6]) Der Ausdruck findet sich zum erstenmal im Gesetz von 1870. Früher „literarische Erzeugnisse", „Werke der Literatur". So heute noch im Titel des Gesetzes.

[7]) Die Art der Schrift ist gleichgültig. In Betracht kommen: Buchstabenzeichen-, Bilder- und Blindenschrift, sowie Stenographie. So Urteil des RG. vom 31. Januar 1891, RGZ. Bd. XXVII S. 60. Ein Vortrag oder eine Rede wird außer durch Phonographen meist nur durch Stenographie mitteilbar sein.

[8]) So z. B. von Lindemann S. 33.

[9]) „Die Niederschrift muß ermöglicht sein" sagt Allfeld, d. h. eben, das Werk muß durch die Schrift mitteilbar sein. Darin darf man auch nicht irre gemacht werden durch den überflüssigen Zusatz in unserem LUG. § 1 Nr. 1, den man dahin auslegen könnte, Vorträge und Reden seien nur dann geschützt, wenn sie dem Zwecke der Erbauung, der Belehrung oder der Unterhaltung dienen. S. darüber RGZ. XXII S. 174; Ullmann a. a. O. S. 10; Gierke S. 769, 770; Allfeld S. 46; Kohler, AR. S. 324.

daß die schriftliche Fixierung demnach das Schriftwerk nicht schafft, sondern lediglich die Eigenschaft der Mitteilbarkeit durch Schrift verwertet.

Um den urheberrechtlichen Schutz genießen zu können, muß das durch die Schrift mitteilbare Geisteswerk ein individuelle Form haben, die Form gibt also den Ausschlag. Mag ein Gedanke, sei es ein wissenschaftliches neues Problem, eine neue Theorie, oder der Entwurf zu einem Gedichte oder Drama noch so großartig, noch so wissenschaftlich oder künstlerisch beachtenswert sein, wenn der Urheber ihn nur ganz formlos einem anderen mitteilt, so hat er keinen Anspruch darauf, daß dieser seine Idee nicht weiter verbreitet, weiter ausbaut und durch Niederschrift oder Vortrag einem größeren Personenkreise mitteilt. Andererseits braucht der Inhalt eines Schriftwerkes absolut nicht originell zu sein, wenn es nur die Form ist. Aus diesem Gesichtspunkte sind vor allem Sammelwerke [1]), Übersetzungen und Bearbeitungen [2]) geschützt.

Auf einer höheren künstlerischen Stufe steht natürlich ein Schriftwerk, bei dem sowohl Form als auch Inhalt Anspruch auf Originalität haben, also in Form und Inhalt eine individuelle Geistesschöpfung gegeben ist.

Eine den Schriftwerken verwandte [3]) und analog denselben zu behandelnde Gattung von Geisteswerken [4]) sind die choreographischen Werke. Da dieselben meist nur in Verbindung mit einem Tonwerk erscheinen, sind sie unter dem Kapitel „Verbindungen" eingehender [5]) behandelt.

3. Erscheint das Ergebnis einer individuellen geistigen Tätigkeit in der Form von Notenzeichen oder eines musikalischen Vortrages, so liegt ein Werk der Tonkunst vor.

Die mannigfachen Ähnlichkeiten zwischen der urheberrechtlichen Behandlung des Schriftwerkes und des Tonwerkes haben viele Schriftsteller veranlaßt, die Definition des Schriftwerkes einfach entsprechend auf das Werk der Tonkunst anzuwenden. Auf diese Weise ist es aber ausgeschlossen, die dem Tonkunstwerke eigenen Merkmale festzustellen. [6]) Und solche bestehen unzweifelhaft. [7])

---

[1]) § 4 LUG.

[2]) § 2 LUG.

[3]) Da größtenteils schriftlich fixiert.

[4]) S. § 1 Abs. 2 LUG.

[5]) S. S. 15 unserer Arbeit.

[6]) Selbständige Begriffsbestimmungen stellen auf Riezler S. 227; Voigtländer S. 42 verlangt eigentümlicherweise, daß das Werk vortragbar ist; Mitteis, „Zur Kenntnis" S. 57; vor allem Schuster, Tonkunst S. 51.

[7]) Um nur eines herauszugreifen: Man kann beim Definieren des Werkes der Tonkunst nicht mit Inhalt und Form operieren. Bei einem musikalischen Werk ist eine solche Scheidung nicht möglich. Form und Inhalt sind in der Musik identisch, was allerdings von vielen Musikschriftstellern

Unter einem Werke der Tonkunst[1]) verstehen wir jedes aus einer individuellen geistigen Tätigkeit hervorgegangene künstlerische Tongebilde. Das Werk muß also entweder eine eigenartige neue musikalische Idee, oder wenigstens einen von anderen Werken der Tonkunst abweichenden musikalischen Gehalt besitzen. Mit dem Wort „künstlerisch“ soll nicht der Zweck gekennzeichnet werden.[2]) Dieser kann sowohl ein didaktischer als auch ein rein künstlerischer sein, das ist für den Schutz gleichgültig. Künstlerisch soll vielmehr sagen, daß das Tongebilde nach den Gesetzen der Kunst, der es angehört, also der Musik, geschaffen ist.[3]) Eine willkürliche unmelodische Katzenmusik ist also kein Werk der Tonkunst. Ein Werk der Tonkunst liegt schon vor, wenn einige Töne in einer bisher noch nicht dagewesenen Intervallenfolge aneinander gereiht sind. Daher genießen die Motive vollen urheberrechtlichen Schutz.[4]) Eine besondere Rolle spielt die Melodie.[5]) Sie ist es, die den meisten Tonkunstwerken beim großen Publikum den Stempel der Originalität aufdrückt. Daraus, daß der Anfang jeder Melodie ein Motiv ist, das meist mehr oder weniger sinnreich weiter gesponnen ist, geht hervor, daß nicht nur die ganze Melodie, sondern auch die einzelnen Teile der Melodie, besonders die ersten Takte, Objekte des Schutzes sind.[6]) Akkorde sind dagegen nicht schutzfähig. Der Akkord hat nur Bedeutung als „Faktor“ der Stimmführung.[7]) Wie bei den Schriftwerken ist auch beim Tonwerke nicht erforderlich, daß das ganze Werk sich als eine Neuschöpfung darstellt. Auch in der Bearbeitung oder Zusammenstellung bereits vorhandener musikalischer Werke kann unter Umständen ein schutzfähiges künstlerisches Tongebilde liegen.[8])[9]) Das ist nicht immer der Fall. Insbesondere wird durch die Harmonisierung eines Volksliedes oder einer sehr volkstümlichen Komposition kein originales Tongebilde geschaffen, da hiebei weder ein

bestritten wird. Das ergibt sich aus dem Wesen der Musik, als einer subjektiven aus sich selbst schaffenden Kunst. Über das Wesen der Musik vgl. Richard Wagners treffliche Abhandlung über Beethoven.

[1]) Früher im Gesetz von 1870 „Musikalische Komposition“.

[2]) Vgl. hiezu Kohlers Definition von „künstlerisch“ Urheberrecht S. 138. Dieselbe paßt nur auf Schriftwerke.

[3]) Die Elemente des Tonsatzes, Melodie, Harmonie und Rhythmus und die Modalitäten des Tonsatzes, Dynamik, Klangfärbung und Tempo, bilden zusammen die musikalischen Ausdrucksmittel.

[4]) S. Schuster, Tonkunst S. 78; Kohler, Kunstwerk S. 145. Hierher gehören auch die Signale.

[5]) Spezialliteratur: Wilhelm Tappert, Wandernde Melodien 1890; Kremer, Das ausschließliche Recht des Urhebers an der Melodie; W. Hoffmann, Der Gegenstand des musikalischen Urheberrechts; Vesque (S. 14, 27) versteht unter Melodie jede charakteristische Tonfolge; vgl. auch Schuster, Tonkunst S. 192.

[6]) S. LUG. § 13 Abs. 2.

[7]) Nicht als „Produkt“ der Stimmführung, wie Schuster S. 79 sagt.

[8]) Beim Potpourri genießen sowohl die eigenartige Anordnung und Auswahl des bereits vorhandenen Stoffes als auch die einzelnen Übergänge Schutz.

[9]) S. Daude, Gutachten vom 10. Juni 1905 S. 241, Gutachten vom 17. März 1906 S. 246.

besonderes musikalisches Können noch eine individuelle geistige Tätigkeit an den Tag gelegt werden kann.[1]) Anders in der Kunstmusik. Hier ist es möglich, schon durch die Schaffung von Begleitungen und Ergänzungen zu vorhandenen Tonwerken musikalische Bildung, Geschmack und Talent zu bezeugen.[2]) Daß auch die bloße Harmonisierung in der Kunstmusik schon ein würdiges Schutzobjekt bildet, geht daraus hervor, daß Harmonisieren eigentlich nichts anderes ist als zu einer gegebenen Hauptmelodie eine oder mehrere Nebenmelodien schaffen.

4. Kaum gibt es ein künstlerisches Tongebilde, das nicht mit entsprechenden Worten in Verbindung gebracht werden könnte, während nur ein recht kleiner Teil der literarischen Erzeugnisse sich zur Vertonung eignet. Die Verbindungen von Schrift- und Tonwerk treten in Gesetzen und in der Literatur unter verschiedenen Bezeichnungen auf. Bis zum Jahre 1901 war der Ausdruck „dramatisch-musikalische" Werke am üblichsten. Bei allen Verbindungen von Text und Musik, also z. B. beim Lied, genoß allein das Schriftwerk Schutz; denn nach dem Gesetz von 1870 war nur die dramatische Musik bedingungslos geschützt, während für andere veröffentlichte Kompositionen der seltene Aufführungsvorbehalt Voraussetzung des Schutzes war. Es ist deshalb ein von vielen nicht gewürdigtes Verdienst Kohlers, wenn er den Begriff der dramatischen Musik und damit der dramatisch-musikalischen Werke nach Möglichkeit zu dehnen versuchte.

Der Ausdruck dramatisch-musikalische Werke spielt auch heute noch eine Rolle. Zwar wurde er aus dem Gesetz von 1870 nicht mehr in das von 1901 übernommen; jedoch findet er sich noch in den Art. 2 und 11 der revidierten Berner Übereinkunft, ferner spricht § 11 Abs. 2 LUG. von Bühnenwerken,[3]) diese aber zerfallen in dramatische und dramatisch-musikalische Werke. Die Abgrenzung des Begriffs war von jeher sehr bestritten.[4]) Unseres Erachtens gelangt man zu dem brauchbarsten und klarsten Resultat, wenn man sagt: ist eine dramatische Dichtung mit Musik verbunden, so liegt dann immer ein dramatisch-musikalisches Werk vor, wenn der musikalische Teil nicht lediglich aus ganz selbständigen vom Drama unabhängigen Einlagen besteht.[5])

Im LUG. ist in den §§ 27, 28 der Ausdruck gebraucht: „eine

---

[1]) S. Daude, Gutachten vom 17. Februar 1901 S. 255 und Gutachten vom 10. Juli 1905.

[2]) Vgl. Händels Kompositionen in der Bearbeitung Mozarts, Ave Maria von Bach-Gounod, Beethovens und Brahms Begleitungen zu vorhandenen Melodien.

[3]) S. Kohler, Urheberrecht S. 184; Allfeld S. 110, 116 ff.; Riezler S. 220, 282 ff.; J. Bach, Die Werke der Literatur und der Tonkunst S. 74.

[4]) Der Streit dreht sich besonders um die Oratorien; richtiger Ansicht nach sind dies immer dramatisch-musikalische Werke, wenn ihre Dichtung dramatisch ist. So Allfeld S. 323; Kohler, AR. S. 365; anderer Meinung Schuster, Tonkunst S. 228.

[5]) S. auch Klostermann, Urheberrecht S. 67; Kohler, Kunstwerk S. 170; Schuster, Tonkunst S. 228; Vesque S. 42; Mitteis, Zur Kenntnis S. 56.

Oper, oder ein sonstiges Werk der Tonkunst, zu welchem ein Text gehört." Diese Bezeichnung ist eine wenig glückliche, weil sie höchst unbestimmt ist. Schon das Wort „gehören" hat zu Zweifeln Anlaß gegeben. Kohler[1]) entnimmt nämlich daraus, daß „der Text in legitimer Weise dem Tonwerk einverleibt sein müsse", daß also die Verbindung von Dichtung und Musik auf Einverständnis zwischen den Autoren beruhen müsse. Dies ist aber sicher nicht richtig; denn der Dritte kann ja nicht wissen, ob der Komponist im Einverständnis mit dem Dichter, dessen Werk er komponiert habe. Und daß dem Dritten hierin eine Nachforschungspflicht obliege, widerspräche dem Zweck der Bestimmung des § 28 Abs. 2, die eine Verkehrserleichterung schaffen soll. Im übrigen läßt die Ausdrucksweise des Gesetzgebers darauf schließen, daß er nur auf solche Werke § 27 Abs. 2 und § 28 Abs. 2 angewendet wissen will, bei denen die Musik den überwiegenden Teil ausmacht, während der Text eine untergeordnete Rolle spielt.[2])

Dies ist unstreitig auch heute noch bei Opern, Operetten, Singspielen und Oratorien der Fall. Allfeld und die herrschende Meinung rechnen auch Musikdramen dazu, obwohl doch bei diesen die Musik nur eine Art Kommentar zum Text bildet, also nicht der Text zur Musik, sondern die Musik zum Text gehört.[3]) Nach allgemeiner Ansicht müssen die Worte im Anschluß an die Notenfolge, also zum Singen geschrieben sein,[4]) weswegen Melodramen und choreographische Werke nicht hierher gehören. Doch genügt es bei größeren Werken, wenn das Opus seiner ganzen Art nach in das Gebiet der Vokalmusik fällt. Enthält eine Posse oder ein Schauspiel nur einzelne zu singende Einlagen, so sind nicht die ganzen Theaterstücke, sondern nur die betreffenden Einlagen „Werke der Tonkunst, zu welchen ein Text gehört". Niemand wird bestreiten, daß dieser Ausdruck in der heutigen Zeit der Musikdramen, der Lust-, Schau- und Trauerspiele mit Musik unsachgemäß ist und damit auch die Bestimmungen, in denen er vorkommt, nicht den Verhältnissen entsprechen. Er ist deshalb zu beseitigen, und durch eine treffendere Bezeichnung zu ersetzen.

Der § 5 LUG. endlich spricht von den Verbindungen von Text und Musik ganz allgemein. Es fallen also darunter Verbindungen aller Arten von Schriftwerken mit Werken der Tonkunst; deswegen erschöpft natürlich der Begriff „dramatisch-musikalische" Werke keineswegs die unter § 5 gehörenden Geisteswerke, obwohl in vielen Kommentaren bei § 5 nur immer von dramatisch-musikalischen Werken die Rede ist. Auch der Ausdruck „Werke der Tonkunst, zu denen ein Text gehört", ist noch zu eng, da er Melodramen, Ballets, Musiklexika und -Lehrbücher nicht mit einbegreift.

---

[1]) ArchZivPrax. Bd. 85 S. 352.

[2]) Daher ja auch in § 28 Abs. 2 die Ausnahmebestimmung zugunsten der Komponisten.

[3]) S. Kohler, Kunstwerk S. 172 ff.

[4]) Vgl. Österreichisches Gesetz § 7: „Text des Gesanges".

Wegen des Wortlauts des § 5 war es uns darum zu tun, einen Ausdruck zu finden, der sämtliche Verbindungen von Schriftwerken mit Werken der Tonkunst umfaßt, und dies dürfte wohl die Bezeichnung „Literarisch-musikalische Werke" sein.

Das literarisch-musikalische Werk genießt urheberrechtlichen Schutz, wenn seine Teile, das Schrift- und das Tonwerk schutzfähige Geisteswerke sind. Wenn also z. B. der Text nur aus bloßen Interjektionen und Naturlauten besteht, wie es sowohl bei manchen Studentenliedern und bei Jodlern als auch bei den Refrains von Couplets und Operettennummern der Fall ist, so liegt kein Schriftwerk vor, infolgedessen ist das Ganze kein literarisch-musikalisches Werk, sondern nur ein Werk der Tonkunst und genießt lediglich als solches urheberrechtlichen Schutz.[1])

Das künstlerische Niveau, auf dem das literarisch-musikalische Werk steht, ist für das Urheberrecht ebenso ohne Bedeutung, wie der Umfang.[2]) Beim trivialsten Gassenhauer, dem ein Erzeugnis geringster dichterischer Qualität unterlegt wird, vielleicht nur zu dem Zweck, um ihn sangbar und damit schneller im großen Publikum bekannt zu machen, genießen Text und Musik ebenso Schutz wie bei den unerreicht genialen Schöpfungen eines Richard Wagner.[3]) Der größte Teil der vertonungsfähigen Literatur gehört dem Reiche der Poesie an. Prosa findet man mit Musik vereint, wo entweder der Text die Musik, oder die Musik den Text erläutern soll.[4]) Von diesen Fällen abgesehen, wird fast ausschließlich Poesie mit Musik verbunden, besonders ist es das „gesungene Wort", die Vokalmusik, wo die eigentliche Verschmelzung von Musik und Text stattfindet.[5]) Und innerhalb der Poesie war es von jeher vor allem die lyrische und die dramatische Dichtung, die den Komponisten Stoff zur Entfaltung ihrer Talente bietet.

Es sei nun noch einiges über die choreographischen Werke gesagt. Da die Wiedergabe von Gedanken durch Bewegungen und Gebärden allein eine unvollkommene ist, treten diese choreographischen Werke fast immer in Verbindung mit Musik auf, die es ermöglicht, tiefer in die Seelenvorgänge auf der Bühne einzudringen.[6]) Es gab Zeiten,

---

[1]) Es stünde also jedermann frei, ein Lied zu komponieren und herauszugeben mit dem Refrain: „Yip-J-addy-J-ay" und damit dem eben wegen dieses Refrains rasch in aller Welt bekannt gewordenen englischen Liede Konkurrenz zu machen.

[2]) Vgl. aber Urteil des Landgerichts Leipzig vom 25. Oktober 1895, in Zeitschrift für gewerblichen Rechtsschutz 1896 S. 7, wegen des Couplets „Sehen Sie das ist ein Geschäft", und Gutachten II S. 106, über „Denn so wie du".

[3]) S. Daude, Gutachten vom 30. März 1906 S. 38; vgl. auch Klostermann S. 147; Wächter S. 296.

[4]) Ersteres ist z. B. bei Opernführern und bei Programmkompositionen der Fall, s. Schuster, Tonkunst S. 76, letzteres bei Musiklehrbüchern.

[5]) „In der Vokalmusik versucht man die Tiefe der Musik zu verbinden mit der sonnigen Klarheit der Poesie," sagt Kohler einmal.

[6]) S. Kohler, Kunstwerk S. 167 ff.

wo man den Mimodramen, Pantomimen und Ballets überhaupt keinen Schutz gewähren wollte.[1]) Nach der bisherigen Justiz des Gesetzes von 1901 waren die choreographischen Werke nicht erwähnt, und genossen daher nur als Schriftwerke oder als Bühnenwerke[2]) Schutz. In der revidierten Berner Übereinkunft vom 13. September 1908 wurde nun der Art. 2 dahin geändert, daß der Ausdruck „Werke der Literatur und Kunst" choreographische und pantomimische Werke umfasse, sofern der Bühnenvorgang schriftlich oder auf andere Weise festgelegt ist. Durch den Abs. 3 dieses Artikels wurden die Verbandsländer verpflichtet, ihre innere Gesetzgebung der Berner Übereinkunft entsprechend zu gestalten.

So entstand der Abs. 2 des § 1 unseres jetzigen LUG. am 22. Mai 1910.

Der innere Grund zu diesen Änderungen ist in den Fortschritten der modernen Technik, hauptsächlich der Kinematographie, zu suchen.

Selbstverständlich sind auch nach der neuen Fassung des Gesetzes choreographische und pantomimische Werke nur dann wie Schriftwerke geschützt, wenn sie Erzeugnisse individueller Geistestätigkeit sind. Daher genießen Tänze und mimische Szenen wie Czardas, Matchiche, la Kraquette u. a. wohl Schutz, aber nicht als literarisch-musikalische Werke, sondern als Werke der Tonkunst, da sie meist nur den Darbietenden Gelegenheit bieten wollen, ihre Grazie und Gewandtheit zu zeigen.

II. Wesen der Verbindung von Schrift- und Tonwerk.

§ 3.

Bevor wir auf die rechtliche Natur der Verbindung literarischer und musikalischer Werke sowie auf die rechtliche Behandlung der möglichen Verbindungsfälle näher eingehen, ist eine kurze Darlegung des Unterschiedes zwischen den Begriffen „Urheberrecht" und „Urheberschaft" geboten. Spielt er doch bei den verschiedenen Anwendungsfällen der genannten Verbindung eine Rolle, und kann bei deren Behandlung sodann als bekannt vorausgesetzt werden.

Urheberschaft ist ganz allgemein die Eigenschaft als Verfasser oder wenigstens Mitverfasser eines Geisteswerkes. Es ist ein tatsächlicher Begriff, der sich auf dem Gebiete der Kunst und Wissenschaft geltend macht. Er ist unabhängig von einem rechtlichen Schutz des Geisteswerkes, also auch ohne jedes Urheberrecht gegeben. Als natürliche Eigenschaft ist er aber auch untrennbar mit der Persönlichkeit

[1]) Gegen ihre Schutzfähigkeit Mandry (bei Hinschius S. 192); Klostermann, Urheberrecht S. 67. Für den Schutz: Vesque S. 6; Kohler, AR. S. 187, Kunstwerk S. 167; Dernburg S. 893; Daude (1888) S. 88; Schuster, Tonkunst S. 231; Dambach, Gutachten 1891 S. 167; Gierke S. 775. In Frankreich, Österreich und Italien ist der Schutz der Pantomime längst anerkannt.

[2]) S. Allfeld S. 37, 117; Ibach S. 76; besonders Riezler S. 220.

des Schaffenden verbunden und wird durch rein rechtliche Änderungen (Universal- und Singularsukzession) in keiner Weise berührt. Die Tatsache, daß X das Geisteswerk geschaffen hat, kann durch keine Macht der Welt, durch keinen Rechtssatz beseitigt werden.

Wo ein rechtlicher Schutz des Autors besteht, erwächst ihm aus seiner geistigen Tätigkeit ein subjektives Recht, das Urheberrecht. Der Autor erwirbt es originär, aus seiner Schöpfung; ob er es ganz oder nur seiner Ausübung nach übertragen kann, ist bestritten.[1]) Eine derivative Entstehung des Urheberrechts kann man eigentlich nur annehmen, wenn man der Ansicht ist, daß das Autorrecht quoad substantiam übertragen werden kann. Es wird aber allgemein auch von den Vertretern der anderen Ansicht von einer derivativen Entstehung des Urheberrechts gesprochen, weil, wie gesagt, der praktische Unterschied ein ganz unbedeutender ist. Auch wir wollen davon nicht abweichen, obwohl wir die Übertragung des Urheberrechts quoad substantiam als teilweises Persönlichkeitsrecht für juristisch unhaltbar erachten.

Der § 5 LUG. spricht von der Verbindung eines Schriftwerkes mit einem Werke der Tonkunst oder mit Abbildungen.[2]) Und zwar stellt er den Grundsatz auf, daß durch eine solche Verbindung an den Urheberrechten der Einzelwerke nichts geändert werde, daß vielmehr auch noch nach der Verbindung für jedes dieser Werke dessen Verfasser als Urheber gelte.

Auch im Sachenrecht des BGB. spielt die Verbindung eine Rolle und zwar handelt § 946 von der Verbindung einer beweglichen Sache mit einem Grundstück, § 947 von der Verbindung beweglicher Sachen miteinander. Beide Fälle setzen voraus, daß entweder die bewegliche Sache wesentlicher Bestandteil des Grundstückes oder die verbundenen beweglichen Sachen wesentliche Bestandteile einer einheitlicheu Sache werden. Auf den ersten Blick könnte man glauben, ein der Verbindung beweglicher Sachen im Sinne des § 947 BGB. verwandtes Verhältnis liege bei einer Verbindung von Text und Komposition vor. Allein durch eine solche Verbindung wird keineswegs wesentliche Bestandteilseigenschaft der einzelnen Werke an einem zur Entstehung gelangenden einheitlichen Gesamtwerk begründet. Der Gesetzgeber bestimmt ja eben gerade, daß durch die Verbindung die einzelnen Urheber-

[1]) Zu der Frage, ob das Urheberrecht quoad excercitationem oder quoad substantiam übertragbar ist, wollen wir nicht ausführlich Stellung nehmen, da die Unterscheidung bis auf den einen von Allfeld S. 89 erwähnten Fall, daß der Inhaber des Rechtes auf sein Recht verzichtet oder ohne Rechtsnachfolger stirbt, ohne praktische Bedeutung ist. Für die Übertragbarkeit quoad substantiam sind: Müller S. 38; Wächter, AR. S. 107, UR. S. 107; Endemann S. 11; Osterrieth S. 94 ff.; Klostermann in Endemanns Handbuch II S. 267 ff.; für die Übertragbarkeit quoad excercitationem: Mitteis S. 12; Gierke S. 767; Dahn, Privatrechtliche Studien S. 81 und die herrschende Meinung. Vgl. auch Österreichisches Gesetz von 1895 § 16. Das LUG. scheint in § 8 auf dem ersteren Standpunkt zu stehen.

[2]) Die Abbildungen scheiden für unser Thema aus.

schaften, d. h. auch die hierin begründeten Urheberrechte nicht berührt werden.[1]) Auch die Zubehöreigenschaft[2]) kommt juristisch keinem der beiden Einzelwerke zu. § 5 behandelt den Fall der Koordination, nicht den der Subordination; andernfalls müßte ein Kriterium für Hauptgegenstand und Zubehör gegeben sein und das Zubehör das Schicksal des ersteren vermutungsweise teilen.[3])

Daß Text und Musik eines literarisch-musikalischen Werkes untereinander und zu dem Gesamtwerk tatsächlich in irgendeinem Verhältnis stehen, ist klar. Die wesentliche Bestandteilseigenschaft und Zubehör haben wir abgelehnt. Es bleiben nun noch die unwesentlichen Bestandteile. Und in der Tatsache bilden Schrift- und Tonwerk einer Oper oder eines Liedes unwesentliche Bestandteile des durch die Verbindung entstandenen Gesamtwerkes.[4])

Text und Musik werden nämlich durch die Trennung weder zerstört, noch in ihrem Wesen verändert, da erstere Schriftwerk, letztere Werk der Tonkunst bleibt.[5]) [6]) Immerhin muß betont werden, daß an diese tatsächliche Sachlage der Gesetzgeber eine positive Rechtsfolge für das Gesamtwerk nicht geknüpft hat.

Willkürlich und rechtlich gänzlich unbegründet ist es für die Fälle des § 5, ein Rechtsverhältnis nach Analogie des Sachenrechts zu konstruieren. Kohler, der bisher bei der Verbindung von Ton- und Schriftwerk immer nur ein schuldrechtliches Verhältnis der Autoren annahm, geht in seinem neuen Urheberrecht davon ab, und erklärt das Verhältnis der Autorgüter zueinander für ein gegenständliches und zwar für das einer gegenseitigen Realdienstbarkeit.[7]) Es muß zugegeben werden, daß die Realdienstbarkeit des Sachenrechts sowohl

---

[1]) Noch weniger kommt confusio oder commixtio in Betracht, denn bei der Vermischung und Vermengung gehen die Einzelsachen unter, und es entsteht eine rechtlich einheitliche Sache, an der die bisherigen Eigentümer ein Miteigentum erwerben. Man könnte an den Fall denken, daß der Dichter und der Komponist eine sehr hohe Konventionalstrafe ausmachen, wenn der eine sein Werk einem Dritten zur Verfügung stellt; hier scheint nämlich die Trennung der beiden Rechte mit unverhältnismäßigen Kosten verbunden zu sein, was nach § 948 Abs. II BGB. der Untrennbarkeit gleichsteht. Allein bei genauerem Zusehen ist die Trennung selbst nicht mit Kosten verbunden, sondern die Verletzung des obligatorischen Verbotes der ohne weiteres gegebenen Trennungsmöglichkeit hat Kostenfolgen.

[2]) Wie man nämlich Rechte auch als Bestandteile einer Sache behandelt (§ 96 BGB.), so wäre es an sich nicht ausgeschlossen, die Zubehöreigenschaft auf ein Geisteswerk zu beziehen, das den Zwecken eines Hauptwerkes zu dienen bestimmt ist.

[3]) § 97 BGB.; Anwendungsfälle in den §§ 314, 926, 1120.

[4]) Daß in der Verbindung eine tatsächliche künstlerische Einheit liegt, dürfte nicht bestritten werden können.

[5]) § 93 BGB., arg. e contr.

[6]) Dies gilt auch für die Programmkompositionen, obwohl der Text hier ohne Musik fast unbrauchbar ist, und für Melodramen und Musiklehrbücher, wo die Musik ohne Text nicht viel Wert hat; auf den Wert kommt es ja beim Geisteswerk nicht an, vgl. S. 10 unserer Arbeit.

[7]) Kohler, Urheberrecht S. 285 ff.

in ihrem Wesen als auch hinsichtlich ihrer Wirkungen sehr viel Ähnlichkeit aufweist mit den bei der Verbindung verschiedenartiger Geisteswerke tatsächlich entstehenden Verhältnissen. Allein juristisch ist die Annahme einer gegenseitigen Realdienstbarkeit auch bei Zuhilfenahme der Analogie von Sache auf Recht unhaltbar. Sie scheitert vor allem daran, daß Legalservituten begrifflich nicht denkbar sind.

Was nun den Wortlaut der Bestimmung des § 5 LUG. anbelangt, so ist vor allem zu sagen, daß der § 5 keine Fiktion aufstellt, wie man mit Rücksicht auf das Wort „gilt" annehmen könnte. Denn in der Regel der Fälle wird einerseits der formelle „Verfasser" auch der materielle „Urheber" des Werkes sein, andererseits wird ohne weiteres die Urheberschaft an den einzelnen Werken durch die Verbindung nicht aufgehoben. Der § 5 enthält vielmehr eine Rechtsvermutung, die aber, in der Fiktionsform abgefaßt, sich als praesumptio juris et de jure demnach als unwiderleglich darstellen dürfte.

Der Regelfall, den auch der Gesetzgeber seiner Bestimmung unterlegt hat, ist, daß bei einem literarisch-musikalischen Werk ein Schriftsteller die Worte, ein Komponist die Musik schreibt. Es gibt aber, wie wir im nächsten Kapitel erörtern werden, auch Fälle, in denen beide Werke von einem Urheber, einem Dichterkomponisten herrühren. Auch hier liegen unzweifelhaft zwei Urheberschaften, nämlich eine Urheberschaft am Text und eine solche an der Komposition vor. Es ist also sowohl in den selteneren Fällen, wo Text und Musik aus einer Feder stammen, als in dem Regelfall, wo die Worte und die Musik verschiedene Autoren haben, eine mehrfache Urheberschaft vorhanden, die wir als „Mehrurheberschaft" bezeichnen wollen. Eine solche Mehrurheberschaft erzeugt de lege lata kein neues Recht, d. h. ein den Mehrurhebern gemeinsam zustehendes Recht am Gesamtwerk. Denn im § 5 wird nur von den Einzelwerken, von einem Gesamtwerk überhaupt nicht gesprochen.[1])

Wie man aus den nächsten Kapiteln, in welchen wir die tatsächlichen und rechtlichen Beziehungen zwischen den Autoren eines literarisch-musikalischen Werkes erörtern wollen, ersehen wird, und wie wir außerdem noch im Teile de lege ferenda besonders zu beweisen versuchen werden, entspricht die Bestimmung des § 5 noch weniger wie die des § 6 den wirklichen Verhältnissen. Es muß auch gesetzlich, nicht nur, wie es fast ausschließlich im Leben vertraglich geschieht, ein Recht am Gesamtwerk statuiert werden und dieses Recht wollen wir analog dem Miturheberrecht „Mehrurheberrecht" nennen.

---

[1]) Anders im § 6, wo die Miturheberschaft ein Miturheberrecht nach sich zieht.

III. Anwendungsfälle der Verbindung.

1. Die einfache Verbindung.

a) Bei einem Berechtigten.

§ 4.

Während wir in den vorhergehenden Abschnitten Gelegenheit hatten, die tatsächlichen Verbindungsmöglichkeiten von Schrift- und Tonwerk zu erörtern und zusammenfassend das Wesen einer solchen Verbindung zu besprechen, gilt es im vorliegenden III. Teile die Rechtsverhältnisse der beteiligten Autoren bzw. ihrer Rechtsnachfolger untereinander und Dritten gegenüber zu besprechen.

Wenn nun auch nach geltendem Recht am Gesamtwerke selbst urheberrechtliche Befugnisse nicht bestehen, so muß doch insofern bei der Darstellung eine Zweiteilung Platz greifen, als innerhalb des Schriftwerkes oder des Tonwerkes neben der Alleinurheberschaft ein untrennbares Zusammenarbeiten mehrerer Autoren stattfinden kann, woraus sich für das betreffende Teilwerk Miturheberrecht ergibt (§ 6 LUG.). Wir gliedern demnach die Verbindungsfälle in „einfache Verbindung", bei welcher innerhalb der Teilwerke Alleinurheberrecht vorliegt, und in „qualifizierte Verbindung", bei welcher innerhalb eines oder beider Teile Miturheberrecht gegeben ist.

Der § 5 LUG. geht davon aus, daß die beiden verbundenen Einzelwerke, daß Schriftwerk und das Werk der Tonkunst von verschiedenen Verfassern[1]) stammen,[2]) hiefür spricht wenigstens der Wortlaut der Bestimmung: „. . . . . . . so gilt für jedes dieser Werke dessen Verfasser als Urheber."

Dies ist sicher die Regel. Aber auch die Fälle, in denen das Schrift- und das Tonwerk aus derselben Feder herrühren, sind nicht sehr selten. Besonders bei kleineren Werken, bei Liedern und Couplets sind oft Text und Musik von demselben Autor verfaßt. Und seitdem Richard Wagner mit seinen genialen Musikdramen ein, fast scheint es, unerreichbares Vorbild geschaffen hat, werden auch in der dramatisch-musikalischen Kunst die Dichterkomponisten immer häufiger.[3])

Wie ist nun in diesen Fällen der im § 5 LUG. ausgesprochene Grundsatz der urheberrechtlichen Selbständigkeit der Einzelwerke aus-

---

[1]) Verfasser ist nach allgemeiner Ansicht derjenige, der dem Werk die äußere schutzfähige Form gegeben hat, also nicht der Herausgeber oder der Besteller. Vgl. Kommissionsbericht S. 4; Allfeld S. 63; ferner Urteil des RG. vom 8. März 1877 (RGStr. Bd. 15 S. 405).

[2]) So die meisten Urheberrechtsschriftsteller, unter anderm Allfeld Anm. 1 zu § 5.

[3]) Hierher gehören auch die Musiklehrbücher und musikalischen Lexikons, bei denen meist der Text und die musikalischen Beispiele, die ja ebenfalls Werke der Tonkunst sind, von demselben Urheber stammen. Sind die musikalischen Zitate fremden Tonkunstwerken entnommen, wie es bei Opernführern und Musiklehrbüchern zum Teil der Fall ist, so kommt § 22 LUG. zur Anwendung.

zulegen?[1]) Der gemeinsame Verfasser muß auch hier über jedes Werk einzeln verfügen können. Er kann also z. B. das Urheberrecht am Text verkaufen und trotzdem an dem Musikwerke, das er für sich behält, beliebige Änderungen vornehmen. Er kann den musikalischen Teil in Verlag geben, während er das Recht am Texte einem Komponisten überträgt, der denselben eventuell nochmals vertont. Findet ein rechtswidriger Eingriff in das literarisch-musikalische Gesamtwerk statt, so kann der Dichterkomponist seine zivil- und strafrechtlichen Ansprüche nach Gutdünken auf die Verletzung des Urheberrechts eines der Einzelwerke oder des Gesamtwerkes stützen. Hat jedoch der Autor einer Oper oder eines Musikdramas die Einwilligung zur Aufführung der Musik gegeben, so kann auch ohne weiteres der Text mit der Musik aufgeführt werden, wenn er dies nicht ausdrücklich verbietet.[2]) Eine Vereinigung der beiden Urheberrechte in einer Person kann auch derivativ stattfinden. Häufig kommt es vor, daß der Textdichter sich sämtlicher Rechte am Text zugunsten des Komponisten begibt, sei es gegen eine Pauschalsumme, sei es gegen einen fortlaufenden Anteil am Ertrag des Gesamtwerkes. Ebenso verhält es sich natürlich, wenn der Komponist das Urheberrecht der Musik an den Librettisten überträgt.[3])

Ferner können der Schriftsteller und der Tonmeister gemeinsam die sämtlichen Rechte an ihren beiden Werken und also am Gesamtwerk auf einen Dritten übertragen. Durch den Abschluß eines Verlagsvertrages findet eine solche vollständige Übertragung nicht statt. Denn dadurch verpflichten sich die Autoren ja nur, zwei Befugnisse auf den Verleger zu übertragen, nämlich das der Vervielfältigung und das der gewerbsmäßigen Verbreitung.[4])

Bei kleineren Werken der Tonkunst, besonders bei Liedern, ist es im Musikalienhandel üblich, daß der Verleger nicht einen Verlagsvertrag mit dem oder den Autoren abschließt, sondern sich das vollständige Urheberrecht an Musik und Text für die ganze Welt oder für einzelne Länder[5]) abtreten läßt, so daß er bezüglich des Gesamtwerkes und der Einzelwerke unumschränkte Verfügungsmacht besitzt. Nach allgemein herrschendem Brauch kann hier die Verlagsfirma auch beliebige Änderungen an den Werken vornehmen.[6])

Eine Vereinigung der beiden Urheberrechte in einer Person

---

[1]) Daß für diesen Fall keine besondere Regelung erforderlich ist, liegt auf der Hand (Allfeld zu § 5). Allein die Anwendung des § 5 auf den vorliegenden Fall hat praktische Bedeutung für eventuell daraus entstehende derivative Urheberrechte.

[2]) S. § 28 Abs. 2 LUG.; vgl. auch das ausschließliche Aufführungsrecht S. 33 ff. unserer Arbeit.

[3]) Die Übertragung kann in der Form des Tausches, der Schenkung oder des gerichtlichen Vergleiches erfolgen.

[4]) VerlagsG. § 1, Allfeld S. 414.

[5]) S. § 8 Abs. 3 LUG.

[6]) Auf dem Titelblatt der Komposition steht in diesen Fällen meist: „Alleinige Verleger und Eigentümer für alle Länder" oder „für Deutschland und Österreich-Ungarn". In Frankreich: Editeurs Propriétaires pour tous pays, excepté. . . .

findet ferner beim Tode des einen der beiden Autoren statt, wenn dieser den andern als Erben eingesetzt hat, endgültig allerdings erst durch die Annahme der Erbschaft seitens des Erben.[1]) Hat einer der Autoren den andern bezüglich seines Werkes als Vermächtnisnehmer eingesetzt, so erwirbt letzterer im Falle des Todes lediglich einen Anspruch gegen die Erben auf Übertragung des Vermächtnisgegenstandes. Endlich wäre noch zu denken, daß ein Dritter auf Grund eines von den Autoren hinterlassenen Erbvertrages alle Rechte am Gesamtwerk erwirbt.[2])

Auch für diese Fälle muß der Grundsatz der Selbständigkeit der beiden Urheberrechte durchgeführt werden, und der Erwerber kann also getrennt über beide Rechte nach Gutdünken verfügen.

Der Schutz eines musikalisch-literarischen Werkes, dessen beide Teile, Text und Musik, von demselben Verfasser stammen, endigt für Schrift- und Tonwerk 30 Jahre nach dem Tode des Urhebers (§ 29 LUG.). Doch gibt es eine Ausnahme, wenn nämlich Text und Musik nicht zu gleicher Zeit veröffentlicht werden, sondern z. B. der Text erst 25 Jahre nach dem Tode des Autors, dann ist der Text 5 Jahre länger geschützt als die Musik (§ 29 LUG.).

Außerdem endigen auch hier die beiden Rechte durch Verzicht und erblosen Tod des Autors.

Hat die Vereinigung der beiden Werke in einer Hand in derivativer Weise stattgefunden, so endigt naturgemäß der Schutz des Schriftwerkes zu einer andern Zeit als der des Werkes der Tonkunst.

b) Bei mehreren Berechtigten.

§ 5.

Entstehung. — Rechtsverhältnisse kraft Gesetzes.

Die Regel ist, wie schon gesagt, daß ein literarisch-musikalisches Werk von mehreren Autoren stammt. Der Komponist schreibt die Musik, der Schriftsteller den Text. Alsdann bleibt die Urheberschaft eines jeden am Teilwerke unzweifelhaft bestehen, jedem erwächst ferner ein nach wie vor verfügbares Urheberrecht. Hienach ist die Mehrurheberschaft der originäre Entstehungsgrund der nach § 5 LUG. zu behandelnden Verbindungen.

Derivativ aber können derartige Beziehungen sowohl hervorgehen aus der Mehrurheberschaft eines Autors wie mehrerer Autoren. Die möglichen Verfügungsgeschäfte sind auch im letzteren Falle die gleichen wie die im vorhergehenden Teil erwähnten.

Für das Recht kommt die Verbindung eines Ton- und Schriftwerks erst in Betracht, wenn sie als solche nach außen hin in der

---

[1]) Wenn der Komponist A seine beiden Librettisten B und C als Erben einsetzt, erwerben B und C mit dem Erbfall ein Miturheberrecht an der Musik von A; vgl. auch S. 38 ff. unserer Arbeit.

[2]) Vgl. auch S. 40 unserer Arbeit.

Form der öffentlichen Aufführung oder der Vervielfältigung und gewerbsmäßigen Verbreitung hervortritt. Hat ein Autor eine dieser Formgestaltungen ohne die Erlaubnis des andern Autors bezüglich des verbundenen Werkes bewirkt, so begeht er, soweit das ihm nicht zustehende Werk in Frage kommt, einen unerlaubten Eingriff in ein fremdes Urheberrecht und ist schadenersatzpflichtig und strafbar. Der Mangel des Einverständnisses zwischen Musiker und Schriftsteller kann darin seinen Grund haben, daß z. B. der Text überhaupt ohne Wissen des Verfassers vertont wird; es kann aber auch daran liegen, daß zwar der Komponist um die Erlaubnis zur Vertonung nachgesucht hat, sie aber nicht erhalten hat, oder daß sich die Verhandlungen auf andere Weise zerschlagen haben. Ob der urheberrechtlich Verletzte eine zivil- oder strafrechtliche Verfolgung einleitet, ist eine andere Frage. Meist gibt er sich damit zufrieden, daß derjenige, der die Verbindung ohne seine Erlaubnis vornahm, ihm einen entsprechenden Anteil am Reingewinn, den das Gesamtwerk erzielt, zusichert.

Ob nun eine Einigung zwischen Textdichter und Komponist zustande gekommen ist oder nicht, ob die Verbindung eine berechtigte oder unberechtigte ist: immer kommt de lege lata bei einem literarisch-musikalischen Werk der wie eine Fiktion anmutende in Wirklichkeit eine Rechtsvermutung enthaltende[1]) § 5 LUG. zur Anwendung, der den Grundsatz aufstellt: Es gilt für jedes der einzelnen Werke dessen Verfasser auch nach der Verbindung als Urheber. Das Urheberrecht am Schriftwerk und das am Tonwerk wird also durch die Verbindung allein in keiner Weise verändert. Daraus ergibt sich zunächst folgendes: Jedem Autor steht es vollkommen frei, wie er sein Opus auch nach der Verbindung wirtschaftlich verwerten will. Er kann es nach Belieben vervielfältigen, gewerbsmäßig verbreiten, vortragen oder aufführen lassen,[2]) und nach seinem Gutdünken Bearbeitungen seines Werkes herstellen oder herstellen lassen.[3])

Jeder Autor kann einzelne Befugnisse an seinem Werk als auch das ganze Urheberrecht auf einen andern übertragen,[4]) ohne irgendwie an den Verfasser des andern Werkes gebunden zu sein.

Nur der Autor des einzelnen Werkes kann wegen Eingriffe in sein Urheberrecht zivil- oder strafrechtlich vorgehen.[5])

Die Schutzfrist läuft für jedes Werk selbständig. Die Verbindung ändert also nichts daran, daß wenigstens regelmäßig der Schutz für die Musik zu anderer Zeit endigt als für den Text. Es kommt nicht § 30 LUG. sondern § 29 zur Anwendung.[6])

---

[1]) Vgl. Riezler S. 238 I und S. 19 unserer Arbeit.

[2]) S. § 11 LUG.

[3]) S. § 12 LUG.

[4]) Bezüglich der Übertragbarkeit des Urheberrechts s. S. 17 unserer Arbeit.

[5]) S. § 36 ff. LUG. Dem Urheber des andern Werkes würde die Sachlegitimation fehlen.

[6]) Falsch Voigtländer S. 55; § 30 ist nach seinem klaren Wortlaut nur einschlägig, wenn das Urheberrecht mehreren gemeinsam zusteht, also im Falle des Miturheberrechts (§ 6 LUG.).

Fassen wir nun das rechtliche Schicksal des aus der Verbindung entstehenden Gesamtwerkes näher ins Auge.

Von diesem Gesamtwerk ist im Gesetze nicht die Rede. Es treten also aus der Verbindung allein kraft Gesetzes gar keine Rechtsfolgen ein; ohne entsprechende Vereinbarung kann kein Autor den andern zwingen, seine Einwilligung zur Vervielfältigung oder Aufführung der Gesamtschöpfung und damit seines Werkes, an dem ihm trotz der Verbindung alle urheberrechtlichen Befugnisse allein zustehen, zu erteilen. Alle die Wirkungen, welche Kohler in seinem neuen Urheberrecht [1]) aufzählt, treten nicht kraft Gesetzes, sondern erst kraft Vertrages ein. Es hat eben nach dem Gesetze keiner das Recht zu verlangen, daß das Gesamtwerk als musikalisches Drama aufgeführt wird und jedem steht es völlig frei, wenn nicht ein anders regelnder Vertrag vorhanden ist, sein Werk in eine ähnliche Verbindung mit einem andern Werk zu bringen. Auch aus diesem Grunde, abgesehen von der begrifflichen Unmöglichkeit einer Legalservitut,[2]) kann das Verhältnis der Autoren kraft Gesetzes nicht mit einem Realdienstbarkeitsverhältnis verglichen werden. Ja wenn, wie Gierke S. 783 annimmt, nicht nur in der Person jedes Urhebers ein gesondertes Urheberrecht an seinem Werk, sondern an dem verbundenen Werke als einem ganzen ein Miturheberrecht zur gesamten Hand erwüchse, dann würde die Tatsache der Verbindung Rechtsfolgen nach sich ziehen.[3])

Es gibt nun allerdings Ausnahmefälle, in denen eine eigenmächtige Verbindung von Schrift- und Tonwerk durch einen der Urheber gesetzlich für zulässig erklärt ist. Im § 20 LUG. wird nämlich bestimmt:

„Zulässig ist die Vervielfältigung, wenn kleinere Teile einer Dichtung oder Gedichte von geringerem Umfange nach ihrem Erscheinen als Text zu einem neuen Werke der Tonkunst in Verbindung mit diesem wiedergegeben werden. Für eine Aufführung des Werkes darf die Dichtung auch allein wiedergegeben werden, sofern der Abdruck ausschließlich zum Gebrauche der Hörer bestimmt ist.

Unzulässig ist die Vervielfältigung von Dichtungen, die ihrer Gattung nach zur Komposition bestimmt sind.

Die Vorschriften des Abs. 1 finden keine Anwendung, soweit der Text in Verbindung mit der mechanischen Wiedergabe eines Werkes der Tonkunst (§ 12 Abs. 2 Nr. 5) vervielfältigt werden soll".

Die jetzige Fassung des Gesetzes enthält gegenüber dem Gesetz von 1870 insofern Einschränkungen, als es den Komponisten nunmehr nur gestattet ist, kleinere Teile einer Dichtung oder Gedichte von geringem Umfang als Text zu einem neuen Werke der Tonkunst in Verbindung mit diesem zu vervielfältigen. Ferner muß jetzt ein neues Werk der Tonkunst vorliegen; gemeinfreie Kompositionen dürfen also

---

1) S. 286 ff.

2) Vgl. S. 18 unserer Arbeit.

3) Vgl. auch Schuster, Tonkunst S. 241 ff.; Kohler, Autorrecht S. 246 ff., ArchZivPrax. Bd. 82 S. 232 ff.

in dieser Weise nicht mit Gedichten veröffentlicht werden.[1]) Dagegen ist es nicht nötig, daß derjenige, welcher den Text mit der Musik verbindet, der Komponist der Musik oder überhaupt Komponist ist.[2])

Die Bestimmung des § 20 stellt sich im Verein mit der des § 26 als eine Ausnahme von der Regel, als ein Privileg einer bestimmten Klasse von Künstlern, der Komponisten dar. Der § 20 ist daher möglichst strikte zu interpretieren. Der Text muß im strengen Anschluß an die Notenfolge gedruckt sein,[3]) und zwar muß das Werk in der Hauptsache zum Singen dienen.[4])

Als „Erschienen" können solche Dichtungen nicht gelten, die auf Grund des § 20 von einem Komponisten ohne Einwilligung des Dichters in Verbindung mit der Komposition gedruckt wurden.[5])

Ferner ist der Komponist nicht berechtigt, irgendwelche Änderungen am Text vorzunehmen,[6]) und zur genauen Quellenangabe verpflichtet.[7])

Der zweite Satz des § 20 Abs. 1 ist lediglich die gesetzliche Fixierung einer stets schon von Komponisten und Verlegern den Konzertveranstaltern gewährte Nachsicht.

Einschränkungen des im Abs. 1 aufgestellten Privilegs der Komponisten enthalten Abs. 2 und der durch das Gesetz vom 22. Mai 1910 hinzugefügte Abs. 3.[8])

Ob die Dichtung ihrer Gattung nach zur Komposition bestimmt ist, dafür muß ein objektiver Maßstab gelten. Die Absicht des Dichters kann nicht ausschlaggebend sein, denn sonst könnte der Abs. 1 des § 20 leicht dadurch umgangen werden, daß der Dichter seinem Werk hinzufügt: Recht der Komposition vorbehalten.[9])

Wenn der § 20 so streng interpretiert wird, wie es eben geschehen ist, und wie es auch unbedingt zu fordern ist, so ist die Bestimmung nicht so unsachgemäß wie sie z. B. Kohler durch sein verfehltes Gleichnis mit dem Kupferstecher hinzustellen versucht.[10])

---

[1]) S. Motive S. 30.

[2]) Anders die herrschende Meinung. Der Wortlaut des Gesetzes spricht aber für unsere Ansicht, und schließlich ist doch in erster Linie das Gesetz selbst maßgebend, während die Motive nur als Auslegungsbehelfe in Frage kommen.

[3]) Anderer Meinung Kuhlenbeck S. 148.

[4]) Wenn ein Teil des unter die Noten gedruckten Textes im Rhythmus der Musik gesprochen wird, um irgendeinen besonderen Effekt zu erzielen, so schadet das nichts. Vor allem aber erstreckt sich die Bestimmung nicht auf Melodramen. So auch Allfeld S. 175 und Schuster, Tonkunst S. 251; a. M. Mandry S. 206; Endemann S. 72; Besque S. 39.

[5]) S. § 35 LUG.

[6]) S. § 24 LUG.

[7]) § 25 LUG.

[8]) Die Idee des § 20 ist, wie in der Begründung S. 29 gesagt ist, dem musikalischen Schaffen auch fernerhin weitesten Spielraum zu lassen. Die Wiedergabe fremder Dichtungen durch mechanische Instrumente zu erlauben, wäre zu weit gegangen. Deswegen der Abs. 3.

[9]) Anders Müller S. 85.

[10]) Kohler, Urheberrecht S. 198; vgl. auch die Polemik zwischen Schuster und Kohler bezüglich dieser Bestimmung: Schuster, Tonkunst

Gewiß bildet der § 20 einen rechtlich unmotivierten Eingriff in das Urheberrecht des Dichters, und zwar schädigt er nicht die materiellen,[1]) wohl aber die ideellen Interessen des Dichters.[2]) Es ist aber doch zu berücksichtigen, daß man irgendein lyrisches oder gar episches Gedicht nicht so ohne weiteres in einen Gassenhauer verwandeln kann. Dazu müßten doch wenigstens kleinere Änderungen vorgenommen werden, und das ist nach § 23 LUG. nicht erlaubt.

Den Komponisten und Verlegern erwächst übrigens aus der Vertonung und Veröffentlichung von Gedichten die unter § 20 Abs. 1 fallen, insoferne ein großes Risiko, als sie jederzeit gewärtigen müssen, daß dasselbe Gedicht von einem andern Komponisten erfolgreicher vertont wird, und dadurch ihre Komposition entwertet wird. Außerdem ist zu berücksichtigen, daß der Dichter ja sein Werk ohne die Musik nach Gutdünken vervielfältigen und verbreiten kann. Überhaupt bleibt das Urheberrecht des Textdichters sonst unberührt, es geht also nicht etwa wie Mitteis S. 167 annimmt, überhaupt ganz auf den Komponisten über, dann würde ein mehrfaches Urheberrecht in der Hand des Tonkünstlers entstehen, dem ist aber nicht so. Wir haben es also auch in den Fällen des § 20 mit einer Mehrurheberschaft bei mehreren Autoren zu tun, bei der jedem Autor das Urheberrecht an seinem Werke selbständig zusteht, nur daß bezüglich der genannten Befugnisse nur der Wille des Komponisten, nicht der des Dichters maßgebend ist.

Durch den § 20 wird lediglich etwas Negatives bestimmt. Es wird nämlich unter gewissen Voraussetzungen die Widerrechtlichkeit des Eingriffs des Tonkünstlers in das Urheberrecht des Dichters ausgeschlossen. Der Komponist erhält kein positives Recht. Das ist sehr wichtig für die Entscheidung der Frage, ob der Komponist eine unzulässige Vervielfältigung oder Aufführung der Dichtung verfolgen kann. Dies ist unbedingt zu verneinen. Denn der Komponist ist hier nicht Berechtigter.[3])

Wie in den Fällen des § 20 für die erlaubte Verbindung von Ton- und Schriftwerk allein der Wille des Komponisten maßgebend ist, so ist es in den Fällen des § 21 der des Verfassers des Textes. Der § 21 regelt die Zitierfreiheit von Tonwerken, er kommt also fast ausschließlich einer sehr kleinen Klasse von Schriftstellern, nämlich den Musikschriftstellern, zu statten. Es ist selbstverständlich, daß hier das Urheberrecht des Komponisten auch an den Zitaten aus seinen Werken bestehen bleibt. Im übrigen braucht auf die Vorschrift nicht näher eingegangen werden, da sie zu Zweifeln keinen Anlaß bietet.

S. 244 ff., Grundriß S. 39; Kohler, AR. S. 246, ArchZivPrax. Bd. 82 S. 232 ff., Urheberrecht S. 198 Anm. 50.

[1]) Der Dichter hat ja natürlich Anspruch auf entsprechenden Anteil am Reingewinn; vgl. Schuster, Tonkunst S. 200.

[2]) Dungs, Lehrbuch des Urheberrechts S. 46 § 11: „Ein hergebrachter, aber ganz ebenso brutaler und willkürlicher Eingriff."

[3]) S. §§ 36 ff. LUG.

Rechtsverhältnisse kraft Vertrages.

Rechtsverhältnisse der Autoren untereinander.

Wenn auch wie gezeigt kraft Gesetzes am literarisch-musikalischen Gesamtwerke keine rechtlichen Beziehungen der Autoren zueinander statuiert werden, so kommen um so häufiger Vereinbarungen derselben in Betracht, die aber nur ihr internes Verhältnis regeln. Es ist zunächst von der Bedeutung der möglichen Verabredungen im Verhältnis der Autoren untereinander zu sprechen. Dabei ist vorauszuschicken, daß denselben urheberrechtliche Wirkungen nur dann zukommen, wenn der Vertrag eine vollständige Veräußerung des Urheberrechts betrifft; alsdann aber erledigt sich die Frage nach dem internen Verhältnis der Autoren.

Da das LUG. für vorkommende Vereinbarungen keine speziell urheberrechtlichen Wirkungen bezüglich des Gesamtwerkes statuiert[1]) muß die Frage aufgeworfen werden: welches sind die nach allgemeinen Zivilrechtsnormen zu behandelnden Verträge und welche Rechtswirkungen kommen ihnen zu?

Nur obligatorische und dingliche Kontrakte sind denkbar; eine urheberrechtliche Wirkung aber muß ihnen abgesprochen werden; und zwar den obligatorischen weil durch sie gegenständliche Rechte, also auch das Urheberrecht nicht unmittelbar berührt werden, den dinglichen aber, weil das Sachenrecht ein geschlossenes Kontraktsystem hat und die hienach möglichen dinglichen Verträge aus folgenden Erwägungen keine Modifikation des Urheberrechts selbst insbesondere kein Mehrurheberrecht oder Miturheberrecht hervorzurufen vermögen.

Die völlige Übertragung scheidet, wie gesagt, hier aus und ist auch im LUG. selbst behandelt (§ 8); die jura in re aliena gewähren Rechte an einem fremden Urheberrecht, dessen rechtlicher Bestand also nicht berührt wird. Aber auch Miteigentum kann nicht in Frage kommen, da dieses im Gegensatz zu Nießbrauch und Pfandrecht nur an körperlichen Gegenständen bestehen kann und ein einheitliches Objekt, eine körperliche Sache voraussetzt, während § 5 LUG. aus der Verbindung einen einheitlichen Gegenstand nicht erwachsen läßt; durch bloße Vereinbarung kann eben die Einheitlichkeit nicht geschaffen werden.

Als Vereinbarungen obligatorischer Art kommen in Betracht

1. Der Gesellschaftsvertrag, Verein und ähnliche Verbände.

Ein Gesellschaftsvertrag liegt vor, wenn mehrere Personen sich zur Erreichung eines bestimmten Zweckes miteinander verbinden.[2])

Auch bei der Herstellung eines Liedes oder einer Oper verfolgen die Autoren ein gemeinsames Ziel und wenn sie auch nicht an Ver-

---

[1]) Auch der in einem besonderen Gesetze geregelte Verlagsvertrag kommt nicht in Frage, da er nicht das Urheberrecht selbst, sondern nur Funktionen seiner Ausübung, Vervielfältigung und Verbreitung, betrifft.

[2]) Vgl. z. B. die §§ 705 ff. BGB., §§ 105 ff., 160 ff. HGB. usw.

öffentlichung ihrer Arbeit denken, so wollen sie doch jedenfalls ein einheitliches Gesamtwerk ins Leben rufen.[1]) Die Regel ist hiebei, daß die Autoren sich über ihre gegenseitigen rechtlichen Beziehungen nicht lange den Kopf zerbrechen, sondern einfach zusammen arbeiten, oder ihre Arbeiten zusammenlegen, d. h. ohne ausdrücklich hervorzuheben, daß sie eine Gesellschaft nach den §§ 705 ff. BGB. ins Leben rufen. Maßgebend ist für den Eintritt des Gesellschaftsverhältnisses das sich Verbinden mehrerer Personen zur Erreichung eines gemeinsamen Zweckes; nur dieses muß gewollt sein. Davon ist wohl zu unterscheiden, welche Rechtsfolgen der Gesetzgeber daran knüpft. Ein solch maßgeblicher Wille liegt zweifellos vor, wenn ein Dichter und ein Komponist, nachdem sie sich über Wahl des Stoffes, Aufbau der Handlung usw. geeinigt haben, nun beschließen, ein Oper, Operette oder ein Musikdrama zusammen zu verfassen. Sie sind jetzt einander verpflichtet. Wenn sie dagegen lediglich davon gesprochen haben, ein Werk zusammen zu schreiben, ohne nähere Details zu berühren, so haben sie sich dadurch noch nicht gebunden mangels genügender Bestimmbarkeit des Gegenstandes der Obligation.[2])

Durch den Gesellschaftsvertrag verpflichten sich die Kontrahenten gegenseitig, die Erreichung des gemeinsamen Zwecks in der durch den Vertrag bestimmten Weise zu fördern.[3]) Zu dem gemeinsamen Zweck gehört aber insbesondere auch die Verwertung des Werkes. Wenn nun unter den Gesellschaftern über die Verwertung des Gesamtwerkes nichts ausdrücklich bestimmt wurde, so geben dafür meistens die näheren Umstände, insbesondere die Art des Werkes Anhaltspunkte. Eine Oper oder ein ähnliches literarisch-musikalisches Werk schreibt man nicht damit es als Familienprunkstück aufbewahrt oder damit es lediglich in einem engeren Kreise z. B. in einem Vereine, aufgeführt wird. Der selbstverständliche regelmäßige Zweck jedes Bühnenwerkes ist, öffentlich aufgeführt und eventuell gedruckt und verbreitet zu werden.[4]) Wenn sich also ein Autor ohne ersichtlichen Grund gegen die Aufführung oder Vervielfältigung sträubt, so macht er sich zunächst nach § 708 BGB. dem oder den anderen Autoren gegenüber haftbar. Ferner kann seine Einwilligung durch gerichtliches Urteil ersetzt

---

[1]) Theoretisch sind alle Formen, in denen mehrere Personen sich zusammenschließen, nicht bloß die Gesellschaft, auch bei literarisch-musikalischen Werken denkbar. Aber in der Praxis wird es doch ebenso selten auch in den tieferen Kunstsphären vorkommen, daß meherer Dichter und Komponisten einen eingetragenen Verein zur Herstellung von sagen wir, Couplets gründen, als man eine offene Handelsgesellschaft oder eine G. m. b. H., deren Zweck Schaffung von Operetten en gros ist, antreffen wird. Vielleicht blühen derartige Gebilde im verborgenen, damit von der Quantität der Fabrikation das Publikum nicht gleich einen Schluß auf die Qualität zieht.

[2]) Vgl. §§ 315 ff. BGB.

[3]) § 705 BGB.

[4]) Das Gegenteil ist bei Bühnenwerken aber ein derart seltener Ausnahmefall, daß hiefür ausdrückliche Vereinbarung gefordert werden muß; man denke an Stücke für ein bestimmtes Liebhabertheater, für Vereinsfeierlichkeiten usw.

werden.[1]) Hält er das Stück für noch nicht aufführungsreif oder druckfertig, so hat er das Seinige zur Vollendung beizutragen.[2])

Anders freilich liegt die Sache, wenn zwei ein Lied oder ein anderes kleineres Werk zusammen schreiben und nichts über die Verwertung ihres Opus verabredet haben. Hier kann der eine Autor mit Recht geltend machen, er habe niemals an eine Veröffentlichung des Werkes gedacht, er habe lediglich private Zwecke im Auge gehabt.

Ein Gesellschaftsvertrag kann natürlich auch erst geschlossen werden, wenn Text oder Musik schon fertig vorliegen.[3]) Auch hier hängen die gegenseitigen Verpflichtungen bezüglich der Gesamtschöpfung davon ab, ob es eine größere dramatisch-musikalische Arbeit oder nur ein kleineres Werk ist.

Oft überträgt der eine Autor die Verfügung über das Gesamtwerk oder auch über sein eigenes Werk auf den andern Autor. Auch diese Verfügungsübertragung ist nichts anderes als der Abschluß eines Gesellschaftsvertrages. Sie kann ausdrücklich oder stillschweigend geschehen. Die herrschende Meinung entnimmt sie schon aus der bloßen Tatsache der Überlassung des Werkes an andere zum Zwecke der Verbindung.[5]) Die urheberrechtlichen Befugnisse werden auch durch diesen Gesellschaftsvertrag in keiner Weise berührt. Sie bleiben voll und ganz in der Hand der einzelnen Autoren. Der eine Autor räumt lediglich dem andern das Recht der Geschäftsführung ein und schließt sich damit von derselben aus.[6]) Er kann diese Befugnis zur Geschäftsführung wieder entziehen, wenn der geschäftsführende Gesellschafter, hier meistens der Komponist, seine Pflicht gröblich verletzt oder sich zur Vertretung gegenüber Dritten unfähig erweist.[7])

2. Andere Verträge.

Andere Verträge obligatorischen Inhalts kommen bei der Schaffung eines literarisch-musikalischen Werkes oder zu dessen Verwertung selten vor.[8])

Manchmal räumt z. B. der Dichter einem Komponisten ein Vorkaufsrecht für seine Werke ein.

Auch die lediglich negative Vereinbarung unter den Beteiligten, über ihre Einzelwerke, nicht oder nicht in bestimmter Weise einseitig zu verfügen, gehört hierher.[9])

---

[1]) § 894 ZPO.

[2]) § 705 BGB.: „die vereinbarten Beiträge zu leisten."

[3]) Daß eine fertige Dichtung und ein fertiges Tonstück unverändert miteinander verbunden werden können, ist kaum denkbar.

[4]) Diesen häufigen Fall, den auch Allfeld erwähnt, hatte wohl der Gesetzgeber bei der Schaffung des § 28 Abs. 2 im Auge.

[5]) Vgl. Allfeld S. 74.

[6]) S. § 710 BGB.

[7]) Dies wäre der Fall, wenn z. B. der Komponist das alleinige Aufführungsrecht an der Oper einem schlecht fundierten Provinztheater übertragen würde.

[8]) Vgl. § 16 des Österreichischen UrhG. vom 26. Dezember 1895.

[9]) Sie hat gemäß § 137 BGB. nur obligatorische Wirkung.

Als dingliche Verabredungen, die unter Fortbestand der Urheberrechte der einzelnen interne Rechtsverhältnisse unter den Autoren schaffen, kommen in Betracht:

a) Die Bestellung eines Nießbrauches gemäß den §§ 1069 ff. BGB. Der Dichter räumt dem Komponisten oder dieser jenem die Nutzungsbefugnis an seinem Werke entgeltlich oder unentgeltlich ein. Diese Möglichkeit ist allgemein zuzugeben, ob man nun das Urheberrecht für übertragbar hält oder nicht; denn der Nießbrauch läßt das Grundrecht, hier Urheberrecht, unberührt, er gibt eine Nutzungsbefugnis an einem fremden Gegenstand.

b) Die Bestellung eines Pfandrechts gemäß §§ 1274 ff. BGB. seitens des einen Autoren zugunsten des andern. Es finden hierauf die Vorschriften über das Pfandrecht an beweglichen Sachen Anwendung. Hier allerdings muß man zur Annahme einer solchen Möglichkeit auf dem Standpunkt der vollständigen Uebertragbarkeit des Urheberrechts stehen; denn das Pfandrecht ergreift eventuell in seiner Wirkung auch die Substanz des Rechts; demgemäß erfolgt nach § 1274 BGB. die Bestellung nach den für die Übertragung des Rechts geltenden Vorschriften.

Rechtsverhältnisse der Autoren gegenüber Dritten.

Das Verhältnis der mehreren Autoren eines literarisch-musikalischen Werkes gegenüber Dritten ist geregelt:

1. Durch Gesetz im § 5 LUG., welcher bestimmt, daß auch nach der Verbindung der einzelnen Werke jeder Verfasser als Urheber seines Werkes gilt. Demnach kann der Dritte das Gesamtwerk nur durch mehrere Einzelverfügungen erwerben.

2. Durch die berührten dinglich, d. h. nach außen wirkenden vertragsmäßig begründeten Rechtsverhältnisse des Pfandrechts und des Nießbrauchs. Ersteres kann zunächst die Wirkung äußern, daß während seines Bestandes der Urheber an der Ausübung seines Rechtes gehindert ist; es hat aber auch der Pfandnehmer die positive Befugnis, eventuell sein Recht im Wege der Zwangsvollstreckung durchzusetzen, gegen den Urheber selbst allerdings nur mit seiner Einwilligung (§ 10 LUG.), die aber bei dem vertragsmäßig bestellten Pfand als stillschweigend im voraus erteilt angenommen werden dürfte. Der Nießbrauch aber gibt im Verhältnis zu Dritten die Befugnis, das Urheberrecht während der Dauer der Nutzung ohne Eingriffe in die Substanz zu verwerten, z. B. auf Zeit laufende Verlagsverträge und ähnliches mit Wirksamkeit abzuschließen. Auch hier ist demnach die Verfügungsmacht des Autors auf Zeit beeinträchtigt.

In allen Fällen aber, sowohl bei der rein gesetzlichen wie bei der vertragsmäßig modifizierten Regelung ist für den Erwerb des Urheberrechts selbst wie einzelner Befugnisse desselben durch einen Dritten die Verfügungsbefugnis des Veräußerers erforderlich. Insbesondere ist mangels einer positiven Bestimmung hierüber im Gesetze die Möglichkeit eines gutgläubigen Erwerbes a non domino abzulehnen, da derartige Vorschriften als Ausnahmen allgemeiner Rechtsprinzipien expressis verbis statuiert werden müssen. Aus diesem Grunde und weil die im Sachenrecht außer dem guten Glauben für den gutgläubigen Erwerb aufgestellten weiteren Bedingungen, wie öffentlicher Glaube des Grundbuches, Entäußerung des Besitzes mit Willen, nicht gegeben sind, muß auch die Analogie zum Sachenrecht ausscheiden.[1])

Das durch die Verbindung tatsächlich zustande gekommene Gesamtwerk kann durch Kauf, Schenkung und ähnliche Veräußerungsverträge auf Dritte übergehen. Der Dritte muß sich infolge des § 5 LUG. regelmäßig sowohl mit dem Komponisten, als auch mit dem Textdichter auseinandersetzen, um beide Urheberrechte an der Oper erwerben zu können, da nur der Komponist über die Musik, der Dichter über den Text verfügen kann. Eine Modifikation erleidet diese Regel, wenn einer der Autoren kraft eingeräumten Pfandrechts über beide Werke unbeschränkt oder kraft Nießbrauches über das Werk des anderen wenigstens beschränkt verfügen kann.

Der Verlagsvertrag.

An dem literarisch-musikalischen Werk können auch nur einzelne Befugnisse durch die Autoren auf Dritte übertragen werden. Am häufigsten ist die Übertragung der Vervielfältigung und gewerbsmäßigen Verbreitung. Verpflichten sich die Autoren, dem Dritten das Werk zur Vervielfältigung und gewerbsmäßigen Verbreitung für eigene Rechnung zu überlassen, während der Dritte verspricht, das Werk zu vervielfältigen und zu verbreiten, so liegt ein Verlagsvertrag nach dem Verlagsgesetz vom 19. Juni 1901 vor.

Wird dagegen ein Vertrag mit dem Dritten in der Weise abgeschlossen, daß der Dritte Vervielfältigung und Verbreitung auf Rechnung der Autoren lediglich besorgt und dafür eine angemessene Vergütung, meist einige Prozente am Ladenpreis erhält, so sind für diesen Kommissionsverlag die §§ 383 ff. HGB., sowie die §§ 611 bis 630, 675 BGB. maßgebend.[2])

Der urheberrechtlich bemerkenswerte Unterschied zwischen dem Verlagsvertrag nach dem Verlagsgesetz und dem Kommissionsvertrag nach HGB. ist, daß durch ersteren die Befugnis zur Vervielfältigung und Verbreitung des Werkes direkt auf den Verleger übertragen wird, während bei letzterem der Komissionär fremde Rechte im eigenen Namen (als indirekter Stellvertreter) ausübt. In jedem Falle erlangt aber der Verleger ein Recht, im einen ein ausschließliches, im andern ein Verwertungsrecht für fremde Rechnung gegen Bezug einer Provision. Beim literarisch-musikalischen Werk kann er dieses Recht bezüglich des Textwerkes nur vom Dichter, bezüglich der Musik nur von Komponisten erhalten.[3])

---

[1]) Scheinbare Ausnahme ist § 28 Abs. II; vgl. aber S. 32 ff. unserer Arbeit.
[2]) Ausführlich über den Kommissionsverlag Allfeld S. 417.
[3]) Vgl. auch Riezler S. 311.

Das Aufführungsrecht.

Eine Abweichung von der Regel gilt für das Ausführungsrecht literarisch-musikalischer Werke.

Während nämlich sonst, wenn mehrere Berechtigte vorhanden sind, die Einwilligung eines jeden zur Aufführung des Werkes erforderlich ist,[1]) bestimmt der § 28 Abs. II, daß bei einer Oper oder einem sonstigen Werke der Tonkunst, zu welchem ein Text gehört,[2]) der Veranstalter der Aufführung nur der Einwilligung desjenigen bedarf, welchem das Urheberrecht an dem musikalischen Teile zusteht.[3])

Über die Bestimmung ist schon viel geschrieben worden. Das ist jedenfalls klar: sie ist juristisch und faktisch unbegründet. Der Gesetzgeber ließ sich davon leiten, daß besonders früher der Text hinter die Musik sehr zurücktrat, und daß deshalb bei einer Oper und anderen dramatisch-musikalischen Werken durch eine schlechte Aufführung hauptsächlich der Komponist geschädigt wurde. Ferner wollte man eine Verkehrserleichterung für die Veranstalter der Aufführungen geben. Beide Gründe sind nicht mehr stichhaltig. Heute in der Zeit der Musikdramen, der Lust-, Schau- und Trauerspiele mit Musik, heutzutage, wo kein Drama, auch wenn es sich zur Vertonung nicht im geringsten eignet, vor Komponisten sicher ist, spielt der Text mindestens dieselbe Rolle wie die Musik. Und warum es für die Theaterdirektoren mühsamer sein soll, sich mit den beiden Autoren einer Oper, als mit denen eines Lustspiels auseinander zu setzen, ist nicht einzusehen.[4])

Aus der Motivierung des Gesetzgebers ist aber zu entnehmen, daß der Dritte, zu dessen Gunsten die Bestimmung getroffen ist, eine Nachforschungspflicht darüber nicht haben soll, ob der Komponist den Text mit oder ohne Erlaubnis des Librettisten vertont hat.[5]) Wenn der Dritte allerdings weiß, daß eine nicht genehmigte Vertonung vorliegt, oder daß der Komponist nicht kraft Vertrages über die Aufführung des Gesamtwerkes verfügen kann, so macht er sich zivil- und strafrechtlich haftbar.[6])

Das Urheberrecht des Textdichters wird aber weder materiell, noch formell durch die Bestimmung berührt. Der Komponist hat lediglich kraft Gesetzes bezüglich der Erteilung der Aufführungsbefugnis

---

[1]) § 28 Abs. 1 LUG.

[2]) Vgl. S. 14 unserer Arbeit.

[3]) Vgl. S. 7 und S. 8 unseres geschichtlichen Teiles.

[4]) In den andern germanischen Staaten ist eine ähnliche Bestimmung nicht zu finden. Norwegen (§§ 6, 7) verlangt ausdrücklich Einwilligung von Dichter und Komponist. In den romanischen Staaten, in denen überhaupt eine richtige Auffassung über das Verhältnis von Text und Musik fehlt, geht Italien (§ 6) am weitesten, indem es dem Komponisten nicht nur über Aufführung, sondern auch über Vervielfältigung und gewerbsmäßige Verbreitung verfügen läßt.

[5]) Das entnimmt nämlich Kohler im ArchZivPrax. Bd. 85 S. 352 aus „zu welchen ein Text gehört"; dagegen Allfeld S. 203. Vgl. auch S. 14 unserer Arbeit.

[6]) Der Komponist ist Anstifter, s. Allfeld S. 204.

das Vertretungsrecht des Dichters.[1]) Der Komponist haftet natürlich dem Dichter, wenn er dem zwischen den Autoren bestehenden Vertrage zuwiderhandelt.[2]) Außerdem hat er dem Dichter einen entsprechenden Anteil an den Aufführungstantiemen zukommen zu lassen.[3])

Da der § 28 Abs. II ähnlich wie der § 20 Abs. I eine Ausnahme von der Regel, ein Privileg der Komponisten enthält, ist auch hier wie dort eine möglichst strikte Auslegung geboten und in der Tat wird durch eine solche der Eingriff in die Interessen des Dichters stark gemildert.[4])

Andererseits aber kann man nur den Dichtern und Librettisten raten, möglichst genaue Verträge mit den Komponisten abzuschließen, denn nur dadurch können sie verhüten, daß sie durch eine schlechte, ohne ihre Einwilligung stattgefundene Aufführung ideell und materiell geschädigt werden. Es wurde schon früher erwähnt,[5]) daß im allgemeinen schon durch die Überlassung eines Schriftwerkes zur Vertonung der Schriftsteller sich mit den Verfügungen des Komponisten über das Gesamtwerk einverstanden erklärt. Wenn er also beim Abschluß von Aufführungs- oder Verlagsverträgen auch mitreden will, muß er das vertraglich eigens sich vorbehalten.

Nach Ablauf des Schutzes für das musikalische Werk ist die Einholung der Genehmigung des Textdichters zur öffentlichen Aufführung des Textes wieder erforderlich.[6])

Man unterscheidet zwei Arten von Aufführungsrechten: das ausschließliche und das nichtausschließliche, die Lizenz.

Daß ein ausschließliches Aufführungsrecht an einzelne Personen, Theater usw. abgetreten wird, ist bei Bühnenwerken wie überhaupt bei umfangreicheren Schöpfungen höchst selten.[7]) Dagegen wird es recht häufig an kleineren Werken übertragen. Besonders Lieder und Couplets werden oft für einen bestimmten Sänger oder eine Sängerin geschrieben, die dann gegen eine einmalige Summe das alleinige aus-

---

[1]) Da gesetzliche Vertretung, kein Widerrufsrecht des Librettisten.

[2]) S. Begründung zum LUG. S. 33, 34.

[3]) Anderer Meinung Kohler im ArchZivPrax. Bd. 85 S. 351.

[4]) S. Allfeld S. 203. Hier wird sogar eine strafbare Handlung des Komponisten konstruiert, wenn er wider Willen des Dichters wissentlich den Text einem gutgläubigen Dritten zur öffentlichen Aufführung überläßt. (Verstoß gegen die §§ 37, 38 Abs. II LUG., begangen durch mittelbare Täterschaft).

[5]) S. S. 29 unserer Arbeit.

[6]) S. Urteil des RG. vom 3. März 1908 in „Das Recht" Bd. XII Nr. 916 und Urteil vom 13. November 1907, RGZ. Bd. 67 S. 84 (zit. bei Daube S. 77).

[7]) Vom ausschließlichen Aufführungsrecht ist der Aufführungsagenturvertrag zu unterscheiden, durch den einer natürlichen oder juristischen Person das alleinige Recht übertragen wird, bezüglich eines Werkes Aufführungsverträge abzuschließen. Dafür sind eigene Gesellschaften vorhanden: in Deutschland die „Genossenschaft Deutscher Tonsetzer", (Anstalt für musikalisches Aufführungsrecht); in Österreich: „Die Gesellschaft der Autoren, Komponisten und Musikverleger in Wien"; in Frankreich: Die Société des auteurs, compositeurs et éditeurs de music" in Paris.

schließliche Aufführungsrecht erwerben.[1]) Dagegen wird bei Bühnenwerken häufig ein ausschließliches Aufführungsrecht für einen bestimmten Bezirk erworben,[2]) sei es für eine gewisse Zeit oder zeitlich unbeschränkt.

Beim ausschließlichen Aufführungsrecht sind zwei Fragen von Interesse: 1. erwirbt eine Sängerin das ausschließliche Aufführungsrecht an einem Lied, wenn sie auf Grund des § 28 Abs. II LUG. nur mit dem Komponisten verhandelt?

Die Frage ist in der Literatur nicht aufgeworfen, sie ist aber unseres Erachtens unbedingt zu verneinen. Der, wie schon gesagt, restriktiv auszulegende § 28 Abs. II spricht von Veranstaltern der Aufführung. Die Sängerin ist aber keine Veranstalterin. Das ist der Saal- oder Theaterinhaber, in dessen Raum das Lied gesungen wird.[3]) Anders wenn eine Theaterdirektion das ausschließliche Aufführungsrecht für einen bestimmten Bezirk erhalten will. Hier bedürfen die Direktoren nur der Einwilligung des Komponisten, da sie die Veranstalter sind.

Die zweite Frage bei diesem ausschließlichen Aufführungsrecht ist: Kann die Sängerin, wenn sie erfährt, daß eine andere Sängerin das Lied, an dem sie das ausschließliche Aufführungsrecht erworben hat, öffentlich vorträgt, gegen diese *selbst* vorgehen? Kann der Theaterdirektor, wenn ein anderes Theater in derselben Stadt sein erworbenes Stück aufführt, den Komponisten auf Grund des Vertrages verklagen, oder selbst gegen das Theater Schritte ergreifen?[4])

Es kommt darauf an, ob die Sängerin resp. der Theatereigentümer ein absolutes Recht erwirbt, oder ob nur der oder die das Aufführungsrecht erteilenden Autoren aus dem Vertrag verpflichtet sind, keine weiteren Aufführungsverträge abzuschließen. Opet ist ersterer, Kohler letzterer Ansicht.[5]) Unserer Meinung nach erhält wie von dem Wort „ausschließlich" die Rede ist, der Erwerber stets ein absolutes Recht, kann also selbst gegen unberechtigte Veranstalter, ja sogar gegen die Autoren auf Grund dieses Rechtes vorgehen, es sei denn, daß aus dem Vertrage das Gegenteil zu entnehmen ist. Dies geht nicht etwa schon aus einer räumlichen Begrenzung der ausschließlichen Befugnis hervor. Denn die Übertragung aller urheberrechtlichen Befugnis kann mit Beschränkung auf ein bestimmtes Gebiet geschehen (§ 8 Abs. III LUG.).[6])

---

[1]) Vgl. auch § 10 des Norwegischen UrhG. vom 4. Juli 1893.

[2]) So ist es in den meisten Großstädten, die mehrere Operettentheater haben, z. B. in Wien, üblich, daß die Autoren einer neuen Operette resp. die Verleger einem der Operettentheater das alleinige Aufführungsrecht für Wien einräumen.

[3]) Über Veranstalter s. *Kohler*, UR. S. 372, 380.

[4]) Die Frage wird von *Allfeld* S. 95; *Opet* S. 198 ff.; *Kohler*, AR. S. 305 ff. behandelt, von *Riezler* S. 384 aufgeworfen, aber nicht entschieden.

[5]) *Allfeld* und *Riezler* nicht bestimmt.

[6]) Besonders häufig das geteilte Verlagsrecht.

Auch wenn das ausschließliche Aufführungsrecht nur für eine bestimmte Zeit erteilt ist, so hat der Erwerber das Recht, selbst wegen Verletzung seines Rechtes einzuschreiten.

Direkte Aufführungsverträge sind übrigens nur bei größeren Werken, besonders bei Bühnenwerken, üblich. Bisher wurden in solchen Aufführungsverträgen im allgemeinen lediglich Bestimmungen getroffen über die geschäftliche Seite, also über die Tantiemen, die die Autoren erhalten sollen, über den Materialpreis des Verlegers usw. Dagegen wird die Art und Weise der Wiedergabe des Werkes vollständig dem Veranstalter überlassen, der höchstens einen bestimmten Termin zusichert, an dem spätestens die Ur- oder Erstaufführung stattzufinden habe.[1]) In neuester Zeit schweben aber Unterhandlungen zwischen dem Deutschen Bühnenverein und den Delegierten der Autorenverbände über die Festsetzung eines „Normalvertrages". In diesem soll vor allem der wohlbegründete Wunsch der Autoren, auch bezüglich der Art und Weise der Aufführung ihres Schöpfers Bestimmungen treffen zu können, weitgehende Berücksichtigung finden.

Beendigung.

Die Mehrurheberschaft erzeugt de lege lata kein besonderes Recht, es entstehen vielmehr trotz des aus einer besonders gearteten geistigen Zusammenarbeit hervorgegangenen Gesamtwerkes nur einzelne Urheberrechte. Die Folge ist, daß das aus der Mehrurheberschaft entsprungene Gesamtwerk durch den Ablauf des Schutzes eines der Einzelwerke derart geschädigt wird, daß es fortan nur mehr ein sehr zweifelhaftes Dasein fristet. Erlischt nämlich eines der beiden Sonderurheberrechte, so wird das betreffende Werk gemeinfrei. Ist dies z. B. die Dichtung, so kann sie zwar der Komponist jetzt noch mit seiner Musik aufführen und vervielfältigen, aber jeder andere kann sie jetzt auch vertonen, aufführen und verbreiten.

---

[1]) Richard Strauß sagt darüber in einem Artikel „Autor und Bühne" (in Nr. 447 der Münchener Neuesten Nachrichten vom 24. September 1910) folgendes: „Es fehlt dem Autor jegliches Bestimmungsrecht über die Personalbesetzung des Werkes bei der ersten oder gar bei späteren Aufführungen; es fehlt die Zusicherung einer bestimmten Ausstattung und Inszenierung; es fehlt dem Autor jegliche Kompetenz über die Art der Ausführung und Ausnutzung des Werkes; es ist vollständig dem Ermessen der Bühnenleitung überlassen, das Werk gut oder schlecht auf die Beine zu stellen, eine gute Anfangsbesetzung später mit einer schlechten zu vertauschen, ein erfolgreiches Werk zu seinem Nachteil ungebührlich auszuschlachten und abzuspielen; es fehlt jede Verpflichtung, ein künstlerisch wertvolles Werk, wenn es Kasse macht, so zu fördern, daß das Publikum dafür gewonnen wird. . . . Es bleibt also vollständig dem Ermessen einer Bühnenleitung überlassen, ein Werk an guten oder schlechten Spieltagen zu geben, es zu kurz hintereinander oder in zu langen Abständen zu wiederholen — kurz das Werk ist ganz der Gnade und Ungnade des Bühnenleiters, dem Theaterkassierer und dem blinden Zufall oder allen möglichen, richtiger gesagt unmöglichen „Rücksichten" überlassen, die weder mit dem Kunst- noch Kassenwert eines Werkes etwas zu tun haben."

Teilweise anders Gierke.[1]) Nach ihm konsolidiert sich beim Erlöschen der Sonderurheberrechte das Urheberrecht an dem Werke als einem Ganzen, bei dem verbleibenden Teilhaber, „während der von dem anderen Teilhaber geschaffene Bestandteil für sich dem Gemeingebrauch anheimfällt".[2])

Neben diesem natürlichen Ende der Verbindung eines Schriftwerkes mit einem Werke der Tonkunst, gibt es auch ein gewillkürtes, d. h. durch den Willen eines oder beider Autoren herbeigeführtes.

Es ist klar, daß beide Autoren jederzeit im gegenseitigen Einverständnisse aus irgendeinem Grunde die auf Vertrag beruhende Verbindung ihrer Schöpfungen lösen können, ebenso wie man einen Miet- oder Kaufvertrag mit Einwilligung aller Kontrahenten immer wieder aufheben kann. Ebenso ist dies der Fall, wenn kein Vertrag vorliegt. Denn kraft Gesetzes ist ja kein Autor an den andern gebunden.

Wann aber hat ein Autor das Recht aus einem bestehenden Vertragsverhältnis auszuscheiden?

Wenn ein Dichter seinen Text um eine Pauschalsumme an den Komponisten verkauft hat, so ist mit der Erfüllung des Kaufvertrages jede urheberrechtliche und jede allgemein zivilrechtliche Beziehung erloschen. Wird aber als Entgelt für die Überlassung des Textes nicht ein einmaliger Betrag gezahlt, sondern ein fortlaufender Anteil am Gewinn zugesichert, so besteht zwar unter den Verfassern kein urheberrechtliches Verhältnis, wohl aber ein zivilrechtliches, und zwar hat hier der Textdichter eine ähnliche Stellung wie der stille Gesellschafter im HGB.[3]) Der Dichter macht durch Abschluß eines solchen Vertrages den Ertrag seines Textes abhängig von einem nicht in seiner Macht stehenden Faktor, nämlich von der Musik, die der Komponist seinen Worten hinzufügt. Der Dichter hat hier sowohl ein Interesse daran, daß die Komposition nicht unnötig verzögert wird, als auch ein Interesse an der Güte der Musik.[4]) Was den ersten Punkt anbetrifft, so ist es für den Dichter ratsam, eine Frist vertraglich zu bestimmen, innerhalb der die Musik fertig zu stellen ist. Liegt nach Ablauf der Frist die Komposition nicht vor, so ist der Komponist in der Regel mit seiner Leistung im Verzug.[5]) Nach § 326 BGB. hat der Dichter, nachdem er dem Komponisten nochmals eine angemessene Frist gesetzt hatte, nach erfolglosem Ablauf derselben die Wahl zwischen Schadensersatz wegen Nichterfüllung und Rücktritt vom Vertrage. Hat der Dichter aber im Vertrage mit dem Komponisten keine Zeit ausgemacht, innerhalb der die Vertonung zu erfolgen habe, so kann § 326 BGB. ohne weiteres nicht zur Anwendung kommen, vielmehr bedarf es hier

[1]) S. Gierke S. 784 Anm. 70.

[2]) Dies ist also de lege lata nicht anzunehmen.

[3]) S. HGB. §§ 335 ff.

[4]) Dieselben Interessen hat natürlich der Komponist am Text. Im folgenden ist aber der Einfachheit halber immer der praktisch häufigste Fall angenommen, daß nämlich der Text mehr oder weniger fertig vorliegt und die Musik dazu komponiert wird.

[5]) Anders, wenn ihn kein Verschulden trifft.

zunächst einer den Verzug begründenden Mahnung (§§ 284 ff. BGB.); nach fruchtlosem Ablauf der in der Mahnung gesetzten Frist muß dann, weil jetzt erst (Schuldhaftigkeit angenommen) Verzug vorliegt, die Setzung einer angemessenen Nachfrist mit der oben geschilderten Wirkung erfolgen.

Bezüglich der Qualität der zu liefernden Musik ist eine vertragliche Bestimmung schwer möglich. Man könnte sie sich in der Weise denken, daß eine musikalische Sachverständigenkommission im voraus vertraglich eingesetzt würde, auf deren abfälliges Urteil hin der Dichter zurücktreten könnte. Im übrigen hat der Dichter hier nur ein Recht zum Rücktritt und zwar auch nach § 157 BGB. in Verbindung mit den §§ 325, 326 BGB., wenn die Musik entweder voll von Fehlern oder nach allgemeiner objektiver Ansicht ganz unbrauchbar ist.[1]) Zeigt sie etwa nur Mangel an Erfindung oder an origineller Instrumentierung, oder ist sie nicht nach dem Geschmack des Librettisten, so kann dieser nicht aus dem Vertrage ausscheiden. Hierbei sei auch Kohlers Forderung erwähnt, der Dichter dürfe, wenn die Oper oder Operette bei der Uraufführung direkt durchgefallen, vom Publikum glatt abgelehnt worden sei, seinen Vertrag mit dem Komponisten lösen.[2]) [3]) Kohler nimmt das analog der Verkehrssitte an, die die Theaterdirektionen bei einer völlig verunglückten Premiere vom Aufführungsvertrage entbindet. Dieses Recht müßte natürlich ebenso der Dichter wie der Komponist haben. Wer aber entscheidet, ob an dem Mißerfolg der Text oder die Musik die Schuld trägt? Es gibt Opern und Musikdramen, bei denen Dichtung und Tonwerk sehr beachtenswerte künstlerische Leistungen sind und die trotzdem nicht nach dem oft sehr unverständlichen Geschmack des Premierenpublikums geraten sind.[4])

Aus alldem ergibt sich, daß hier ein Ausscheidungsrecht des einen Autors keinen gesetzlichen Boden hat.

Haben die Autoren auf Grund eines ausdrücklichen oder stillschweigenden Gesellschaftsvertrages zusammen gearbeitet,[5]) so sind für die Lösung des Vertrages die §§ 723 ff. BGB. maßgebend. Was die Zeitdauer anbetrifft, so wird man sagen müssen, daß jede literarisch-musikalische Verbindung für die Dauer der gesetzlichen Schutzfrist bestehen bleiben soll, wenn nicht ein anderes vereinbart ist. Die Kündigung der Gesellschaft vor dem Ablauf der Zeit ist also nur zulässig, wenn ein wichtiger Grund vorliegt (§ 723 BGB.). Ein solcher Grund ist wie bei andern Verträgen übermäßige Verzögerung der Herstellung oder Unbrauchbarkeit des einen Werkes. Im § 733

[1]) S. darüber auch Kohler im ArchZivPrax. Bd. 85 S. 345.
[2]) Kein Rücktritt, sondern Kündigung.
[3]) Kohler, ArchZivPrax. Bd. 85 S. 345.
[4]) Wie unberechenbar der Erfolg eines Bühnenwerks ist, beweist folgender Fall: Die Oper „Der Barbier von Bagdad" wurde in München 25 Jahre lang ohne Erfolg gegeben. In letzter Zeit nun ist das Theater stets ausverkauft, obwohl auch früher die Aufführung und Ausstattung stets eine gute war.
[5]) Vgl. S. 27 ff. unserer Arbeit.

Abs. II BGB. heißt es: „die Kündigung darf nicht zur Unzeit geschehen, es sei denn, daß ein wichtiger Grund für die unzeitige Kündigung vorliegt". Nach herrschender Ansicht ist die Kündigung eine unzeitige, wenn durch sie der Gesellschaftszweck gefährdet wird.[1]) Nun wird aber bei der Mehrurheberschaft durch die Austrittserklärung des einen Autors der Gesellschaftszweck, nämlich die Schaffung und eventuell Verwertung eines literarisch-musikalischen Werkes nicht nur gefährdet, sondern überhaupt unmöglich gemacht. Deshalb muß hier der Kündigungsgrund immer ein solcher sein, der die unzeitige Kündigung rechtfertigt. Das ist aber, wie schon erwähnt, sowohl bei übermäßiger Verzögerung, als auch bei Herstellung eines unbrauchbaren Werkes gegeben; denn in beiden Fällen liegt eine grobe Verletzung der Beitragspflicht[2]), der obersten Pflicht jedes Gesellschafters, vor.

2. Die qualifizierte Verbindung.

§ 6.

a) Eine qualifizierte Verbindung eines Schriftwerkes mit einem Werke der Tonkunst liegt, wie schon oben erwähnt, vor, wenn am Schriftwerk oder am Tonwerk oder an beiden Werken ein Miturheberrecht besteht, so daß innerhalb des Einzelwerkes der § 6 LUG. zur Anwendung kommt. Miturheberschaft und das aus ihr originär entstehende Miturheberrecht kommen auch bei literarisch-musikalischen Werken, besonders am Text, sehr häufig vor. Bevor wir auf die einzelnen Fälle näher eingehen können, ist es nötig, die heutige Beurteilung des Miturheberrechts in Theorie und Praxis einer kurzen Betrachtung zu unterziehen.[3])

Miturheberschaft ist gegeben, wenn mehrere ein einziges in sich abgeschlossenes Werk also entweder ein Schriftwerk oder ein Werk der Tonkunst so verfassen, daß ihre Beiträge überhaupt nicht unterscheidbar sind, oder zwar äußerlich unterscheidbar sind, aber für sich keine selbständigen Geisteswerke bilden. Durften wir uns bei der Mehrurheberschaft auf die Analogie zu den unwesentlichen Bestandteilen einer zusammengesetzten Sache berufen,[4]) so ist es wegen der Eigenart des Ineinanderarbeitens der mehreren Autoren logisch, bei Miturheberschaft die einzelnen Beiträge zum ganzen Werk als wesentliche Bestandteile zu bezeichnen und sie einem gemeinsamen Rechtsschicksal zu unterstellen.[5]). Wenn wir den einzelnen Beitrag eines Miturhebers näher betrachten, so ist zu konstatieren, daß er einen bestimmten Grad von urheberrechtlicher Selbständigkeit aufweisen muß. Entfaltet nämlich

[1]) So Kommentar von Fischer-Henle zu § 723 BGB.

[2]) S. § 705 BGB.

[3]) Ein Überblick über das Miturheberrecht de lege lata scheint insoferne auch geboten, als dasselbe auch bei unseren Forderungen de lege ferenda eine große Rolle spielt.

[4]) S. S. 18 unserer Arbeit.

[5]) Vgl. § 93 BGB.: „Wesentliche Bestandteile können nicht Gegenstand besonderer Rechte sein."

bei einer Miturheberschaft einer der Beteiligten keine individuelle geistige Tätigkeit, führt er vielmehr nur eine fremde Idee aus, so ist er nicht Miturheber, sondern bloß ein Gehilfe.[1]) Schafft aber einer der Autoren ein selbständiges in sich abgeschlossenes Werk, so liegt auch wenn dieses den Bestandteil eines Gesamtwerkes ausmacht, wieder keine Miturheberschaft vor, sondern es bestehen mehrere Urheberrechte nebeneinander.[2])

Arbeiten dagegen mehrere derart gemeinsam, daß ihre Beiträge sich nicht trennen lassen,[3]) dann sind auch einzelne Urheberrechte an den Beiträgen nicht denkbar, sondern nur ein Urheberrecht, an dem von allen geschaffenen Werk.[4])

Dieses allen Miturhebern gemeinschaftlich zustehende Recht nennt man Miturheberrecht.[5])

Das Miturheberecht im engeren Sinn entsteht nur originär und zwar nur aus der Miturheberschaft. Es hat zwei Voraussetzungen, 1. daß mehrere das Werk gemeinsam verfaßt haben und 2. die Untrennbarkeit der Werkbestandteile. Daher ist die Auffassung Dernburgs[6]) zurückzuweisen, der den Willen der Autoren maßgebend sein läßt. Wenn ein Werk zwar nach Absicht der Autoren einheitlich und ihnen gemeinsam sein *soll*, aber objektiv aus lauter an sich selbständigen Beiträgen der einzelnen Autoren besteht, so entsteht niemals ein Miturheberrecht. Es kann deshalb auch nicht der § 6 LUG. zur Anwendung kommen, sondern jedem Urheber steht das Urheberrecht an seinem Teile zu. Dies ergibt sich aus der einfachen Erwägung, daß die Miturheberschaft die sachliche Voraussetzung der wesentlichen Bestandteile hat, die niemals durch bloße Vereinbarung geschaffen werden kann. Wollen die Autoren sich irgendwie intern binden, so steht ihnen hiefür allerdings der vertragliche Weg offen.[7])

---

[1]) Wenn z. B. der musikbegabte Textdichter dem Komponisten die Musik durchsieht und einiges korrigiert, so ist keineswegs an der Musik ein Miturheberrecht des Komponisten und Librettisten vorhanden, da in der bloßen Korrektur keine ein Urheberrecht begründende Tätigkeit zu erblicken ist, sondern lediglich eine Gehilfenarbeit. Der Gehilfe ist aber nicht Urheber, also auch nicht Miturheber. Vgl. *Dernburg* S. 117; *Allfeld* S. 77; *Hirschberg*, Miturheberrecht S. 17; *Astor*, Literarisches und artistisches Miturheberrecht S. 21; *Voigtländer* S. 55; *Daude* S. 20.

[2]) Es kann z. B. ein Sammelwerk vorliegen, s. § 4 LUG.; vgl. auch *Riezler* S. 62; *Kuhlenbeck* S. 92. Wie auch *Astor* S. 21 bemerkt, ist es theoretisch sehr schwer, festzustellen, wann Miturheberschaft, Gehilfenschaft oder mehrere selbständige Urheberrechte bestehen. Im einzelnen praktischen Fall dürfte dagegen die Entscheidung leicht sein.

[3]) S. § 6 LUG.; vgl. auch *Allfeld* S. 75; *Daude* S. 20; *Kuhlenbeck* S. 89; *Voigtländer* S. 55; *Lindemann* S. 45; *Müller* S. 31.

[4]) Analog bei den wesentlichen Bestandteilen; vgl. BGB. § 93, s. ferner Motive zu § 6.

[5]) Vgl. *Kohler*, Autorrecht S. 268.

[6]) S. *Dernburg* S. 116 ff.

[7]) Derselben Ansicht wie *Dernburg* ist *Kuhlenbeck* S. 88: „Die Vereinbarung zwischen dem Verfasser des Textes einerseits und demjenigen des Tonwerks oder der Abbildung andererseits kann ein Miturheberrecht im Sinne des § 6 begründen.“ S. auch *Wächter*, AR. S. 93.

Miturheberrecht im weiteren Sinne entsteht derivativ und zwar kann zunächst ein Urheberrecht, das vorher nur einer Person zustand, durch Vertrag auf mehrere Personen übertragen werden.[1]) Ebenso kann infolge Erbfalls ein Urheberecht auf mehrere Personen übergehen.

Bei den Fällen der derivativen Entstehung ist zu beachten, daß auch hier der § 6 LUG. zur Anwendung kommt. Der § 6 statuiert zwar die Gemeinschaftsnormen nur für Miturheberschaft. Trotzdem werden sehr oft auch beim derivativ durch Vertrag entstandenen Miturheberrecht die Genossenschaftsnormen auf die nunmehrigen Inhaber des Rechts zur Anwendung kommen, da die gesetzlichen Bestimmungen zwar von dem Normalfall des originären Urheberrechts ausgehen, aber, die Übertragbarkeit des Urheberrechts vorausgesetzt, auch auf die derivativen Urheberrechte anzuwenden sind. Für das aus Erbfolge entstandene Miturheberrecht speziell kommen die Normen des BGB. über die Miterbengemeinschaft zum Zuge.[2])

Welcher Art ist nun dieses Miturheberrecht?

Es ist kraft positiver Vorschrift des § 6 LUG. ein Gemeinschaftsrecht. Wäre im LUG. nichts über Miturheberrecht bestimmt, so kämen doch auf die Miturheberschaft die §§ 741 ff. BGB. zur Anwendung, denn immer wenn ein Recht mehreren gemeinschaftlich zusteht, und das Gesetz nichts anderes bestimmt, ist das Verhältnis der Gemeinschafter nach den §§ 741 ff. BGB. zu beurteilen. Deswegen ist, wie auch Riezler S. 56 bemerkt, der § 6 LUG. überflüssig. Wäre der Gesetzgeber der Ansicht gewesen, daß Miturheberschaft ein Gesamthandsverhältnis begründe, so wäre eine diesbezügliche Regelung im Gesetz unbedingt nötig gewesen. Es sind also de lege lata für die Rechtsverhältnisse der Miturheber die Gemeinschaftsnormen des BGB. maßgebend, soweit nicht eine abweichende vertragliche Regelung vorhanden ist.

Daß eine gegenseitige Übereinkunft, also zum mindesten ein stillschweigender Vertrag in der Natur der Miturheberschaft liegt, wird vielfach angenommen,[3]) ist aber nicht richtig.[4]) Durch eine gegenseitige Verständigung, die freilich mit Miturheberschaft Hand in Hand geht, wird doch noch kein Rechtsverhältnis begründet.

Kommen im Rahmen des § 6 Verabredungen unter den mehreren Mitarbeitern vor, so sind dieselben nicht urheberrechtlichen Charakters, sondern gehören dem allgem. Bürgerl. Recht an.[5]) Sie können niemals die Miturheberschaft beseitigen; denn Eigenschaften eines Rechtsobjekts können durch Rechtsgeschäfte nicht beseitigt werden. Etwaige Vereinbarungen schaffen entweder ein obligatorisches oder aber auch ding-

---

[1]) S. Hirschberg S. 23 ff.; Astor S. 30 ff.

[2]) BGB. §§ 1922, 2094 ff., 2057, 2096 ff., 2091 ff., 2357, 2063, 2032 ff., 2058 ff., 2319 ff., 2033 ff.

[3]) S. Allfeld S. 75.

[4]) Vgl. Art. 6 des Belgischen Ges. vom 22. März 1886, ebenso Luxemburg, Gesetz vom 10. Mai 1898 Art. 6.

[5]) S. auch Riezler S. 56.

[6]) Vgl. auch bezüglich des § 5 LUG. S. 27 unserer Arbeit.

liches Rechtsverhältnis, das höchstens die Ausübung des Rechts ohne oder mit Wirkung gegen Dritte ergreift. Selbstverständlich scheidet hiebei der nach geltendem Recht (§ 8 LUG.) mögliche Fall aus, daß bei zwei Mitarbeitern der eine sein Miturheberrecht auf den andern überträgt, da ja alsdann ein Alleinurheberrecht entsteht.

Immerhin muß betont werden, daß Vereinbarungen dinglicher oder obligatorischer Art die Rechtswirkungen der Gemeinschaft modifizieren können, daß sie aber nicht immer die Gemeinschaft in eine Gesellschaft überzuleiten brauchen. Letzteres trifft vielmehr nur dann zu, wenn es sich um einen obligatorischen Vertrag handelt, der die gemeinsame Verwertung abweichend von den Gemeinschaftsnormen regelt.[1])

Eine ausführliche Anwendung der Gemeinschaftsnormen auf das Miturheberverhältnis wollen wir an dieser Stelle nicht geben. Wir werden, wenigstens soweit die Anwendung derselben auf urheberrechtliche Verhältnisse Schwierigkeiten bereitet, noch später darüber zu sprechen haben.[2])

Das Miturheberrecht endigt durch Ablauf der Schutzfrist, durch Verzicht oder erblosen Tod aller Berechtigten. Der Ablauf der Schutzfrist bestimmt sich, soweit der Zeitpunkt des Todes für dieselbe maßgebend ist, nach dem Tode des letztlebenden Berechtigten (§ 30 LUG.). Das Miturheberrecht verwandelt sich in ein Alleinurheberrecht, wenn nur mehr ein Berechtigter vorhanden ist. Dies kann geschehen infolge Verzichts oder erblosen Todes aller Miturheber bis auf einen, ferner durch Übertragung unter Lebenden oder von Todes wegen sämtlicher Miturheberanteile auf einen Miturheber oder auf einen Dritten.

b) Wie schon erwähnt, ist Miturheberschaft und damit Miturheberrecht auch bei literarisch-musikalischen Werken heutzutage ziemlich häufig. Besonders oft trifft man es an, daß der Text von mehreren gemeinsam verfaßt ist. Fast alle Librettos unserer modernen Operetten stammen von zwei, ja auch drei Textdichtern.[3]) Oft findet man auch bei der Oper oder beim Musikdrama eine Miturheberschaft an der Dichtung.[4])

Manchmal ist sogar der Komponist Miturheber des Textes. Dies kann in verschiedener Weise der Fall sein. Der Komponist setzt sich mit einem Textdichter wegen eines Librettos in Verbindung.[5]) Er gibt ihm nicht nur den Stoff an, sondern beteiligt sich auch am Aufbau

---

[1]) Bestellung eines Pfandrechts, Nießbrauchs usw. am Gemeinschaftsanteil, sei es zugunsten eines Mitarbeiters oder Dritter, würden diese Wirkung nicht haben.

[2]) S. S. 47 ff. und S. 52 ff. unserer Arbeit.

[3]) Wir erinnern nur an die Librettistenpaare: Viktor Léon und Leo Stein, Bodansky und Willner, Adrian Roß und Percy Greenbank u. a.

[4]) L. Illica und G. Giakosa, Puccinis Librettisten, G. Targioni-Toretti und G. Menasci, die Textdichter von Cavalleria rusticana.

[5]) Durch das bloße Bestellen auch mit Angabe des Stoffes würde für den Komponisten kein Miturheberrecht bestehen; s. Astor, Miturheberrecht S. 19.

der Handlung oder einiger Szenen, arrangiert ein Ballett, das ihm für die Entfaltung seiner musikalischen Phantasie besonders günstig zu sein scheint. Daß sich der Komponist in solcher Weise mehr oder weniger am Texte beteiligt, wird bei vielen Bühnenwerken der Fall sein, das bringt schon die Anpassung der Musik an die Dichtung oder umgekehrt mit sich. Es wird sich aber in allen diesen Fällen fast immer um eine verschwiegene Miturheberschaft der Komponisten handeln. Denn beispielsweise ein Richard Strauß oder ein Puccini wird sich nicht deshalb, weil er in seinem eigensten Interesse die Textdichter durch eigenes Handanlegen unterstützte, auf dem Theaterzettel oder auf den Noten als Mitverfasser des Librettos nennen lassen.[1])

Der Komponist kann sich aber auch dadurch zu einem Miturheber des Textes machen, daß er z. B. bei einem Liede zu den zwei vorhandenen Strophen des Dichters noch eine Strophe hinzudichtet oder indem er bei einer Operette den Text zu seinen Walzern und Märschen selbst dichtet, während der Librettist nur den Aufbau der Handlung und die einzelnen Auftritte verfaßt, überhaupt das Werk in großen Zügen entwirft.

Zu beachten ist stets, ob einerseits die Tätigkeit des Komponisten am Texte nicht nur die eines Gehilfen ist, andererseits ob seine Tätigkeit nicht ein selbständiges Urheberrecht begründet. In beiden Fällen kann natürlich von einer Miturheberschaft keine Rede mehr sein. Nimmt der Komponist nur verschiedene Änderungen an der Dichtung vor, oder gibt er dem Textdichter einige Ideen,[2]) so ist er damit noch nicht Miturheber.[3]) Der Textdichter bleibt vielmehr alsdann der alleinige Verfasser des Librettos. Dramatisiert dagegen ein Komponist einen Roman, eine Novelle oder übersetzt er z. B. ein französisches Lustspiel ins Deutsche und macht daraus eine Operette, so entsteht wiederum kein Urheberrecht zwischen Komponist und Romanschriftsteller, bzw. französischen Lustspieldichter, sondern an dem Drama, bzw. an der deutschen Übersetzung hat der Komponist das alleinige Urheberrecht.[4]) Eine andere Frage ist, ob der Komponist zur Dramatisierung und Übersetzung befugt war. Dadurch wird aber nichts an seinem Urheberrecht verändert. Bei unrechtmäßiger Übersetzung und Bearbeitung kann nur der Schöpfer des Originals seine zivil- und strafrechtlichen Ansprüche geltend machen.[5]) Vollendet der Komponist eine unvollendete Dichtung, so entsteht für ihn und den Verfasser

---

[1]) Vgl. Schuster, Tonkunst S. 150; Astor, Miturheberrecht S. 58.
[2]) Vgl. Kohler, ArchZivPrax. Bd. 85 S. 348.
[3]) Vgl. S. 39 unserer Arbeit.
[4]) S. § 2 LUG.; vgl. auch Astor, Miturheberrecht S. 23; Hirschberg, Miturheberrecht S. 18 ff.; Opet, Theaterrecht S. 320; Urteil des Pariser Appellhofes vom 27. Januar 1840 (bei Blanc S. 233, zitiert bei Kohler, AR. S. 215); Kohler, AR. S. 215 ff.; Kunstwerk S. 101 ff.; Mitteis S. 104.
[5]) S. Allfeld S. 64 ff.

des Bruchsstücks ein Miturheberrecht an der Gesamtschöpfung, dagegen verbleibt letzterem sein Alleinurheberrecht an seiner Schöpfung.[1])

In allen diesen Fällen besteht Miturheberschaft von Komponist und Textdichter am Schriftwerk, Alleinurheberrecht des Komponisten am Tonwerke. Auf den Text ist also § 6 LUG. anzuwenden, bezüglich des Gesamtwerkes, der Oper oder des Musikdramas gilt § 5 LUG. Die Rechtsverhältnisse zwischen den beiden Autoren gestalten sich dann kraft Gesetzes folgendermaßen:

Der Komponist kann über die Musik frei nach Belieben verfügen, sie aufführen und vervielfältigen lassen wie er will. Der Textdichter hingegen kann über den Text nur gemeinschaftlich mit dem Komponisten verfügen (§ 747 BGB. mit § 6 LUG.). Wieso Kohler dazu kommt, in diesem Falle anzunehmen, daß keiner der Autoren allein, also auch der Komponist nicht ohne den Textdichter, über sein Werk verfügen dürfe, ist nicht begreiflich. Der Textdichter hat ja mit der Musik gar nichts zu tun gehabt, warum sollte ihm ein Recht an derselben zukommen.[2])

Die zweite Möglichkeit eines Miturheberrechts bei literarisch-musikalischen Werken ist die, daß die Musik von mehreren gemeinschaftlich verfaßt ist. Musikalische Miturheberschaft ist zwar weitaus seltener als literarische; das liegt, wie Schuster[3]) ausführt, daran, daß die Musik „als reine Empfindungswelt und daher als subjektivste von allen Künsten das Einbringen einer fremden Individualität am wenigsten verträgt". Die meisten Beispiele von musikalischer Miturheberschaft aus älterer Zeit sind insoferne nicht von praktischer Bedeutung, als meist der eine der Miturheber schon längst tot ist und daher von einem Miturheberrecht keine Rede mehr sein kann.[4]) Heutzutage sind die typischen Beispiele von Miturheberschaft an der Musik eines literarisch-musikalischen Werkes die mit dem Text versehenen Klavierauszüge aus Opern und Operetten, da der Klavierauszug nämlich gewöhnlich nicht vom Komponisten selbst, sondern von einem Dritten arrangiert wird.[5]) Sehr häufig ist in unserer Zeit die verschwiegene Miturheberschaft an einem Tonwerke. Die Kompositionen von Dilettanten werden ja fast immer von einem Berufsmusiker erst richtig harmonisiert oder für einzelne oder mehrere Instrumente geschrieben, von einem Musikmeister für Blechmusik gesetzt usw.[6])

---

[1]) Dernburg S. 117; Allfeld nimmt hier auch am Gesamtwerk ein Miturheberrecht im engeren Sinn an. Falsch Schuster, Tonkunst S. 142; Grundriß S. 28. Richtig: Astor S. 23.

[2]) Vgl. Kohler, ArchZivPrax. Bd. 85 S. 341.

[3]) S. Schuster, Tonkunst S. 133.

[4]) Dies ist aber bei den vielen Beispielen Schusters S. 133 ff. durchwegs der Fall. S. auch Astor S. 18.

[5]) Andere Beispiele sind die Potpourris, Melodiensträuße und Quodlibets mit Text, an deren Musik ein Miturheberrecht zwischen dem Arrangeur des Potpourris und den Komponisten der einzelnen Stücke besteht.

[6]) Es besteht auch hier ein Alleinurheberrecht des Dilettanten am Original, an der Melodie oder an der Klavierausgabe, ein Miturheberrecht des Dilettanten und des Bearbeiters an der Bearbeitung; vgl. Ibach, Die Werke der Literatur und Tonkunst S. 65.

Auch hier ist nun der Fall denkbar, daß bei einem Lied oder einer Oper der Dichter, der zugleich musikalisch ist, Melodien oder einzelne musikalische Bruchstücke zum Tonwerke liefert. Es werden dann entsprechende Rechtsverhältnisse geschaffen, wie wenn der Komponist Miturheber des Textes ist. Eine Miturheberschaft des Dichters und des Komponisten an der Musik ist auch vorhanden, wenn der Dichter einzelne an sich selbständige Lieder und Nummern zu der Oper oder Operette verfaßt.[1])

Die dritte Möglichkeit von Miturheberrecht bei literarisch-musikalischen Werken ist die, daß sowohl am Text als auch an der Musik eine Miturheberschaft besteht, daß also der Text von zwei Librettisten geschrieben ist, während die Musik von zwei Komponisten gemeinsam verfaßt ist.[2]) Hier fallen Text und Musik als Einzelwerke unter die Bestimmung des § 6 LUG., während wiederum bezüglich des Gesamtwerkes der § 5 gilt. Besondere Schwierigkeiten ergeben sich also hier nicht.

Der interessanteste Fall liegt aber in der Möglichkeit, daß mehrere gemeinsam ein Lied oder eine Oper, also Text und Musik, in der Weise verfassen, daß sich ihre Beiträge zu dem Gesamtwerk nicht trennen lassen. Dies ist ebenso wie bei anderen Geisteswerken in verschiedener Weise möglich.

Mehrere Autoren, Dichter und Komponisten können bei der Schaffung eines literarisch-musikalischen Werkes derart ihre Tätigkeit verschmelzen, daß sie ihre eigenen Beiträge zum Gesamtwerk selbst nicht mehr zu unterscheiden vermögen. Nehmen wir an, zwei Freunde, die beide Dichter und Komponist zugleich sind, arbeiten zusammen an einer Oper. Bald findet der eine von ihnen eine Melodie, die dann der andere ausarbeitet und in der Oper verwertet, bald glückt wieder diesem eine textliche Gedankenauseinanderreihung besonders, die dann jener in Verse setzt. Kurzum, sie arbeiten so ineinander, daß keiner von ihnen am fertigen Gesamtwerk seine Geistesarbeit von der des Freundes zu trennen vermöchte. Oder, mehrere Vereinsmitglieder verfassen mit vereinten Kräften ein Festspiel mit Musik zu irgendeinem feierlichen Anlaß. Jeder trägt dazu bei, was ihm gerade sein nicht außergewöhnliches musikalisches und dichterisches Talent eingibt, und schließlich entsteht aus der gemeinsamen Arbeit ein abgerundetes literarisch-musikalisches Gesamtwerk.

In diesen Fällen sind die Beiträge der einzelnen Urheber nicht unterscheidbar und können deswegen nicht einmal tatsächlich getrennt werden. Hier liegt also Untrennbarkeit im wahrsten Sinne des Wortes vor.

Es ist aber auch eine dichterisch-musikalische Zusammenarbeit Mehrerer an einer Oper in der Weise denkbar, daß zwar die Einzel-

---

[1]) Vgl. Vesqu. v. Püttlingen S. 75; Allfeld S. 76; anderer Meinung ist Schuster, Tonkunst S. 138, der meint, Miturheberschaft lasse sich nur etwa bei dem modernen Musikdrama denken, in welchem es keine abgeschlossenen Nummern gibt.

[2]) Vgl. die bekannte englische Operette „Our Miss Gibbs". Text von James T. Tanner, Adrian Roß und Percy Greenbank, Musik von Ivan Caryll und Lionel Monckton.

leistungen unterscheidbar sind und sich trennen lassen, aber dann unselbständige Teile des Ganzen bilden. Auch hier liegt nach herrschender Meinung „Untrennbarkeit" im juristischen Sinne vor. Dies ist z. B. der Fall, wenn drei Autoren ein Lied schreiben, der eine die erste, der andere die zweite, der dritte die dritte Strophe des Textes dichtet, während zwei von ihnen jeder eine der beiden Melodien des Liedes erfindet, und der Dritte diese Melodien verbindet und harmonisiert.

Aus vorstehenden Fällen ist zu ersehen: Praktisch ist es sehr wohl möglich, daß mehrere Autoren ein literarisch-musikalisches Werk so verfassen, daß bezüglich ihrer Beiträge zu dem Gesamtwerk Untrennbarkeit, wie sie im § 6 LUG. gefordert wird, vorliegt.

Es handelt sich nur darum, wie sind diese Fälle juristisch zu behandeln? Ist der § 6, dessen Erfordernisse ja scheinbar vorliegen, auch hier anzuwenden, oder kommt der § 5 LUG. zum Zug, der ja schlechtweg von der Verbindung von Schrift- und Tonwerk spricht?

In der Literatur ist diese Art von Fällen nicht erwähnt. Allfeld sagt lediglich negativ:[1]) „Die Vorschrift des § 6 findet niemals Anwendung auf die Verbindung eines Schriftwerkes mit einem Tonwerke oder mit Abbildungen, denn dafür gilt ausschließlich § 5. Solche Werke sind, wenn sie auch durch Trennung erheblich an Wert einbüßen, einzeln doch nicht unselbständig; die Musik zu einer Oper z. B. kann sehr wohl ohne den Text in Verlag gegeben werden (vgl. Begründung S. 16). Jedenfalls wollte § 5 alle Fälle einer solchen Verbindung treffen." Aus dem Ganzen geht hervor, daß Allfeld nicht den Fall gemeinsamer untrennbarer Arbeit an einer Oper mithereinzieht, sondern hauptsächlich an ein Werk denkt, bei dem Text und Musik zwar von verschiedenen Verfassern, aber sehr voneinander abhängig sind, wie es bei den meisten Musikdramen der Fall ist.

Ähnlich will Daude[2]) den § 5 auf alle Fälle der Verbindung eines Schriftwerkes mit einem Werke der Tonkunst angewendet wissen und spricht bei § 6 von einem „einheitlichen Werk".

Unklar ist Dernburg[3]): er läßt zwar wie schon erwähnt, für die Entstehung von Miturheberschaft den Willen der Autoren maßgebend sein, spricht aber nur von Miturheberschaft an einer „einheitlichen Schöpfung".

Nach Riezler[4]) entsteht in den Fällen der Verbindung eines Schriftwerks mit einem Werke der Tonkunst keine „Miturheberschaft".[5])

Bemerkenswert ist hier noch eine Reichsgerichtsentscheidung,[6]) in der es heißt: auf die Verbindung eines Schrift- mit einem Tonwerk finde stets § 5, niemals § 6 Anwendung, wenn auch das einzelne Werk seine konkrete Gestalt nur mit Rücksicht auf die Verbindung erhalten habe und insofern eine gewisse gegenseitige Abhängigkeit bestehe.

---

[1]) Allfeld S. 751.
[2]) Daude S. 19, 20.
[3]) Dernburg S. 116.
[4]) Riezler S. 62.
[5]) Soll wohl heißen „Miturheberrecht".
[6]) RG. vom 13. November 1907, JW. 1908 S. 52.

Ausdrücklich wird dagegen ein Miturheberrecht an einem literarisch-musikalischen Werke für möglich gehalten, also der § 6 auf die Verbindung zweier verschiedenartiger Geisteswerke, für anwendbar erklärt, von Voigtländer[1]) und Kuhlenbeck,[2]) der ja wie schon erwähnt, Miturheberecht auch durch Vertrag entstehen läßt.

Kohlers Ansicht in dieser Frage tritt nicht klar zutage.[3])

Stenglein[4]) endlich will den § 5 nur angewendet wissen für den einen Fall, „daß ein Schriftwerk, welches komponiert oder illustriert ist, verschiedene Urheber für das Schriftwerk und für das Tonwerk bzw. die Illustration hat". Nun haben aber in obigen Fällen Text und Musik dieselben Verfasser, nämlich die zwei oder mehreren Mitarbeiter.[5])

Unseres Erachtens ist folgendes anzunehmen:

Im § 6 LUG. wird von „gemeinsamen Verfassern" eines (scil. einheitlichen) Werkes gesprochen, während in § 5 LUG. ganz allgemein von der Verbindung eines Schriftwerkes (scil. eines in sich abgeschlossenen Werkes) mit einem Werke der Tonkunst (d. h. mit einem schon fertigen selbständigen musikalischen Tongebilde) die Rede ist. Der § 5 will also alle Verbindungen treffen. Der § 6 kann demnach auf den Fall des gemeinsamen Verfassens eines literarisch-musikalischen Gesamtwerkes unmittelbar nicht angewendet werden, weil sein Wortlaut dem widerspricht. Man könnte aber an eine analoge Anwendung des § 6 denken. Doch ist dies, wie wir sehen werden, einerseits nicht nötig, andererseits wäre es sogar unzutreffend. Denn daß innerhalb des Textes bzw. der Musik beim Gesamtwerk der § 6 ohne weiteres Anwendung findet, wenn dieser oder jener Teil gemeinsam geschaffen wurde, ist unbestreitbar. Doch auch wenn ein literarisch-musikalisches Gesamtwerk durch gemeinsame untrennbare Tätigkeit eines Dichters und eines Komponisten entstanden ist, steht der Annendung des § 5 nichts im Wege. Denn für den Begriff des im verbundenen Gesamtwerk enhaltenen Schrift- und Tonwerkes ist es ohne Belang, ob es seinerzeit in Allein- oder Miturheberschaft entstanden ist. Die analoge Anwendung des § 6 aber auf das Gesamtwerk wäre deswegen unzu-

---

[1]) Voigtländer S. 55: „Miturheber sind nur diejenigen, die zur Hervorbringung eines einheitlichen Werkes einander ergänzend derart zusammen wirken, daß keiner eine bloß nebensächliche Tätigkeit entfalte, sondern jeder selbständig an seinem Teil zum Ganzen beiträgt. Der Anteil des einzelnen kann unterscheidbar sein (bei einer Oper Musik und Text) oder ununterscheidbar."

[2]) Kuhlenbeck S. 88: „Die Bestimmung des § 5 ist dispositiv, d. h. die Vereinbarung zwischen dem Verfasser des Textes einerseits und demjenigen des Tonwerks oder der Abbildung andererseits kann ein Miturheberrecht im Sinne des § 6 begründen."

[3]) Vgl. aber sein Beispiel über die Gewinnanteile der Autoren einer Oper! Kohler, UR. S. 253, IV; vgl. zu diesen Beispielen auch Riezler S. 57, III, 1.

[4]) Stenglein S. 135.

[5]) Vgl. auch Scheele S. 140: „Bei musikalischen Werken mit Text kann, wenn Musik und Text verschiedene Urheber haben, von einer wirklichen Miturheberschaft nicht gesprochen werden."

treffend, weil, auch wenn die beiden Autoren sowohl beim Schrift- wie beim Tonwerk gemeinsam Untrennbares geschaffen haben, dadurch noch keine Untrennbarkeit der im Gesamtwerke enthaltenen Einzelwerke gegeben wäre. Eine solche Untrennbarkeit, sowohl im tatsächlichen wie im juristischen Sinne ist überhaupt nicht konstruierbar. Eine Trennng ist tatsächlich ohne weiteres möglich: Text und Komposition, Worte und Töne liegen überhaupt sofort unterscheidbar zutage. Aber auch juristisch ist die Selbständigkeit zu bejahen, die Voraussetzungen des § 93 BGB. (Zerstörung oder Veränderung im Wesen infolge der Trennung) sind nicht gegeben, wenn auch das Ganze in seiner Verbindung einen höheren künstlerischen Wert repräsentiert. Daß Schriftwerk und Tonwerk denselben Verfasser haben, wurde schon im vorhergehenden Teil erwähnt (B. III 1a unserer Arbeit). Hier wird unbedenklich von Wissenschaft und Praxis der § 5 LUG. angewendet. Macht es nun einen Unterschied, ob die beiden Werke denselben oder dieselben Verfasser haben? Das kann und darf keinen Unterschied machen.

Wir gelangen demnach zu dem Ergebnis:

Miturheberschaft ist bei literarisch-musikalischen Werken nur denkbar innerhalb des einen der beiden Werke oder innerhalb beider Werke, nicht aber am Gesamtwerk. Es gibt also wohl eine Miturheberschaft und damit ein Miturheberrecht bei, nicht aber an literarisch-musikalischen Werken. Demnach ist die Rechtslage, wenn zwei oder mehrere Dichterkomponisten gemeinsam eine Oper verfassen, so, daß sich ihre Einzelbeiträge nicht trennen lassen,[1]) folgende:

Nach § 5 gilt der Verfasser jedes einzelnen Werkes auch nach der Verbindung als Urheber. Urheber des Textes sind A und B und zwar als Miturheber. Urheber der Musik sind ebenfalls A und B und zwar liegt auch hier Miturheberschaft vor. Infolgedessen kommt für das Schriftwerk sowohl wie für das Werk der Tonkunst § 6 LUG. zur Anwendung. Bezüglich des Gesamtwerkes aber gilt § 5, d. h. die beiden Miturheberrechte werden durch die Verbindung nicht berührt, sie bleiben selbständig nebeneinander bestehen.

Die praktischen Folgen dieser Rechtsanwendung sind:

1. Alle Autoren haben im Zweifel gleichen Anteil am Text und an der Musik, also am Gesamtwerk (§ 742 BGB.), wenn nicht eine anderweitige vertragliche Regelung vorhanden ist. Sollte ein Autor mehr als den ihm kraft Gesetzes zukommenden Bruchteil beanspruchen, so müßte er die Tatsache beweisen, worauf er seinen Anspruch stützt.[2]) Nach diesen Anteilen am Text und an der Musik bemißt sich der Prozentsatz, den jeder Autor vom Gewinn des einzelnen Werkes und des Gesamtwerkes zieht (§ 743 BGB.).

2. Jeder Autor kann nur über seine ideelle Bruchteilsberechtigung am Text und an der Musik, nicht etwa über seinen Arbeitsanteil

[1]) Auf dem Titelblatt der Oper würde etwa stehen: Text und Musik von A und B.

[2]) S. Allfeld S. 78. Er müßte also beweisen, daß sowohl der größte Teil des Textes als auch der größte Teil der Musik von ihm stammt.

verfügen. Es kann also nicht ein Autor eine von ihm stammende Arie in der Oper einem Verleger verkaufen.

3. Über den Text wie über die Musik können die Autoren nur gemeinsam verfügen[1]) (§ 747 BGB.). Also kann die Oper nur mit Einwilligung aller aufgeführt und in Verlag gegeben werden. Der Widerspruch eines Autors kann sich je nach der natürlichen Bestimmung des Werkes unter Umständen als Schikane darstellen.[2])

4. Jeder Autor kann jederzeit die Aufhebung der Gemeinschaft am Text oder an der Musik verlangen (§ 749 BGB.). Diese mit den Grundsätzen des Urheberrechts wenig verträgliche Bestimmung des BGB.[3]) wird dadurch gemildert, daß man das Recht, Aufhebung zu verlangen, durch Vereinbarung ausgeschlossen erachtet, wenn nach dem übereinstimmenden Willen der Autoren das Werk nicht für die Öffentlichkeit bestimmt war.[4])

5. Auch die Beendigung der Urheberrechte an diesen juristisch-interessanten Fällen ist eine merkwürdige. Der Schutz des Textes endigt nämlich immer zu gleicher Zeit mit dem Schutz der Musik, es sei denn, daß eines der beiden Werke beim Ablauf der Schutzfrist des andern Werkes noch nicht 10 Jahre veröffentlicht ist.[5])

Es kommt sowohl auf den Text wie auf die Musik der § 30 LUG. zur Anwendung. Bezüglich des Gesamtwerkes gilt natürlich § 29 LUG. Da nun die Autoren beider Einzelwerke dieselben sind, ist auch der letztlebende bei beiden Werken derselbe, nach dessen Tode sich der Ablauf der zwei Schutzfristen bestimmt.

C. Forderungen de lege ferenda.

§ 7.

Die jetzige Regelung des Verhältnisses zwischen Schriftsteller und Komponist im § 5 LUG. entspricht nicht den Interessen der beteiligten Künstler- und Handelskreise. Es ist ja sicher unbedingt zu billigen, daß der Schriftsteller insoferne vollständig freie Hand über sein Werk auch nach der Verbindung hat, als er dasselbe nach Belieben vervielfältigen, verbreiten und aufführen lassen kann. Es ist ebenso vollständig am Platze, daß der Komponist über seine Musik verfügen kann in dieser Weise. Aber beides muß seine Grenze haben, und diese Grenze ist da, wo das Gesamtwerk, die Oper, das Lied oder

---

[1]) Über den Unterschied zwischen Verfügung und Verwaltung s. Allfeld S. 78; Riezler S. 58; Astor S. 43; Kuhlenbeck S. 89; Lindemann S. 46 und S. 52 unserer Arbeit

[2]) Vgl. S. 28 unserer Arbeit.

[3]) Vgl. S. 52 unserer Arbeit.

[4]) S. Allfeld S. 81; Riezler S. 61.

[5]) S. § 29 LUG.

das Musikdrama unter der selbständigen Verfügung des einen der beiden Autoren zu leiden beginnt. Und daß das Gesamtwerk in seiner Existenz gefährdet wird, wenn jeder Urheber seine eigenen Wege geht, wird niemand bezweifeln. Man wird sagen, dazu sind ja eben die Verträge da, um das zu verhindern. Dagegen ist einzuwenden: In der Mehrzahl der Fälle sind tatsächlich entweder keine oder so lückenhafte Verträge vorhanden, daß eine sehr extensive Interpretation der vertraglichen Vereinbarungen zur Ergänzung des § 5 nötig ist.

Der Fehler des § 5 liegt darin, daß er über das Gesamtwerk schweigt.

„Das Urheberrecht ist, wie das Erfinderrecht ein Weltrecht und kann nur rechtsvergleichend behandelt werden," sagt Kohler im Vorwort zu seinem Urheberrecht.

Deshalb wollen auch wir die ausländischen Gesetze nicht unbeachtet lassen, und sie bei der Erwägung unserer Forderungen für die zukünftige gesetzliche Behandlung der literarisch-musikalischen Werke zu Rate ziehen.

Hier ist vor allem zu erwähnen, daß eine ganze Reihe von Ländern, wie Großbritannien, Vereinigte Staaten von Nordamerika, Schweiz, Holland, Portugal und viele kleinere Staaten das Verhältnis von Schriftsteller und Tondichter in ihren Urhebergesetzen schweigend übergehen. Das Österreichische Gesetz vom 26. Dezember 1895 trifft in seinem Art. 25 Abs. V eine unserem § 20 LUG. gleiche Bestimmung, im übrigen erwähnt es nichts über Musik und Text. Die französische Praxis [1]) nimmt eine vollständige Gemeinschaft zwischen Textdichter und Komponist an. Das ist natürlich ganz verfehlt. Hiernach könnte der Komponist seine Musik nicht ohne Einwilligung des Librettisten in Verlag geben.

Im Italienischen Gesetz [2]) werden die Komponisten sehr begünstigt. Sie können nämlich nicht sowohl über die Musik als auch über das Libretto vollständig verfügen. Der Dichter hat die Rechte eines Miturhebers nach § 5 des Gesetzes, d. h. Anspruch auf Entschädigung.[3]) [4])

Die nun folgenden Länder detaillieren die rechtlichen Beziehungen zwischen Schriftsteller und Komponist mehr oder weniger. So enthält das Belgische Gesetz vom 22. März 1885 in seinem Art. 18 einen

---

[1]) Ein einheitliches Autorgesetz gibt es in Frankreich nicht. Maßgebend sind verschiedene Teilgesetze und Dekrete, in denen aber durchweg literarisch-musikalische Werke nicht behandelt worden sind. Deswegen kommt allein die Praxis der Gerichte in Betracht. Diesbezügliche Entscheidungen bei Dunant S. 122.

[2]) Kgl. Dekret vom 19. September 1882 § 6.

[3]) Vgl. auch Schuster, Tonkunst S. 259.

[4]) Eine solche Regelung wird man begreiflich finden, wenn man bedenkt, daß noch heute besonders aber zur Zeit der Entstehung des Gesetzes bei der italienischen Textkomposition, auch bei den Opern die Musik eine viel größere Rolle spielt als die Worte. Das reine Musikdrama wird in Italien nie zu einer Blüte kommen.

nicht uninteressanten Versuch, indem es trotz der Anerkennung der selbständigen Befugnisse an den Einzelwerken betont, daß keiner der beiden Urheber einen Vertrag über sein Werk mit einem andern Mitarbeiter eingehen könne.[1])

Venezuela[2]) statuiert in Art. 20 die Selbständigkeit der Einzelwerke und fügt eine dem § 20 LUG. ähnliche Bestimmung hinzu. Daneben aber regelt es im vorhergehenden Artikel die Verteilung des Erlöses an die Eigentümer des „lyrisch-dramatischen" Werkes so, daß mangels gegenteiliger Übereinkunft jedem die Hälfte zukommt.

Der Breite der spanischen urheberrechtlichen Bestimmungen entsprechend ist auch das Verhältnis der Autoren literarisch-musikalischer Werke eingehend geregelt. Der Art. 23 des Gesetzes von 1879 entspricht in seinem I. Teil dem § 5 unseres LUG. Dann kommt etwas sehr Eigentümliches: Falls nämlich der Textdichter zur Aufführung des Gesamtwerkes nicht zustimmt, soll der Komponist einfach nach einem andern Drama für seine Musik Umschau halten.[3]) Daneben kommen für literarisch-musikalische Werke diverse Bestimmungen der Ausführungsverfügung vom 3. September 1880 in Betracht, die aber nur das Bemerkenswerte haben, daß sie eben sehr ins einzelne gehen, während die Bestimmungen selbst nicht viel Interesse verdienen. Es sind das die Art. 61—119, die aber freilich zum größten Teil die Beziehungen zwischen den Autoren von Bühnenwerken und den Aufführungsunternehmern betreffen. Ganz eingehend ist in Art. 96 f. über die Verteilung der Aufführungsgebühren an Textdichter und Komponist bestimmt: Im allgemeinen jedem die Hälfte, bei Opern, Oratorien und ähnlichen Werken dem Eigentümer der Musik $^2/_3$, dem des Librettos $^1/_3$. Art. 112 gibt dem Komponisten das Recht, mangels anderer Abmachung über den Text zu verfügen.

Am fortschrittlichsten scheinen uns die Gesetze von Norwegen und Dänemark die literarisch-musikalischen Werke zu behandeln.[4]) Das Norwegische Gesetz hält zunächst im § 7 das Einzelveröffentlichungsrecht des Dichters und des Musikers bezüglich ihrer Werke aufrecht. Was aber die gemeinsame Darstellung, Aufführung und Herausgabe von Text und Musik betrifft, so verweist es auf das im vorhergehenden Paragraph geregelte Miturheberrecht.[5])

Das Recht am literarisch-musikalischen Gesamtwerk mit Miturheberrecht in Zusammenhang zu bringen, ist eine nicht neue

---

[1]) Wie Belgien, Monaco Art. 7 und Luxemburg Art. 18.

[2]) Gesetz vom 17. Mai 1894.

[3]) Man ersieht daraus, wie wenig Gewicht bei den südlichen Nationen auf den Text gelegt wird. Ebenso Costarica Art. 35.

[4]) Norwegisches Gesetz vom 4. Juli 1893, Hedeler S. 173. Das Dänische Gesetz vom 19. Dezember 1902, das übrigens mit dem Norwegischen in den von uns erwähnten Artikeln fast genau übereinstimmt, wurde dem Verfasser von einem ihm befreundeten dänischen Tonkünstler verschafft und übersetzt. Das neue Schwedische Gesetz vom 29. April 1904 konnte leider nicht beigebracht werden.

[5]) Ebenso Dänemark §§ 6 und 7.

germanische Auffassung. Schon Gierke[1]) statuiert bei der Oper neben den Sonderurheberrechten der Autoren ein sich über das Ganze erstreckendes Miturheberrecht, zieht aber die Konsequenzen nur, wenn eines der Sonderurheberrechte erlischt.[2]) Kohler unterschied früher[3]) terminologisch ungenau bei literarisch-musikalischen Werken zwischen einem vollständigen Miturheberrecht, wenn nämlich bereits eines der Teilwerke von den mehreren Autoren gemeinsam verfaßt ist,[4]) und einem getrennten Miturheberrecht mit Gesamtgebrauch, wenn jedes Teilwerk von einem Autor allein stammt.[5]) In seinem neuen Urheberrecht läßt Kohler nicht klar erkennen, ob er dem literarisch-musikalischen Gesamtwerk einen miturheberrechtlichen Charakter beimißt.[6])

Aus dem Vorstehenden erhellt, daß rechtliche Beziehungen der mehreren Autoren am literarisch-musikalischen Gesamtwerk konstruierbar sind. Sie sind aber auch de lege ferenda zu fordern, und zwar sowohl aus rein logischen Gründen, da der Bestand eines Gesamtwerkes nicht zu leugnen ist, als auch aus praktischen Erwägungen, da es nur so verhindert werden kann, daß durch willkürliche Akte eines Autors die zweifellos vorhandenen Interessen am Gesamtwerk geschädigt werden. Aus begrifflichen Gründen kann man jedoch hier nicht von einem Miturheberrecht sprechen, da ein solches untrennbare Zusammenarbeit an einem Werk erfordert, eine Möglichkeit, die wir bereits oben bezüglich des literarisch-musikalischen Gesamtwerkes abgelehnt haben. Allein das schließt nicht aus, daß auf dieses Rechtsverhältnis, welches wir als Mehrurheberrecht bezeichnet haben, die Normen über das Miturheberrecht analoge Anwendung finden. Hierbei bildet jedoch die notwendige Voraussetzung, daß das Miturheberrecht in befriedigender Weise gesetzlich geregelt ist, was wie unten auszuführen ist, in wesentlichen Punkten nicht zutrifft.

Bei unseren Forderungen de lege ferenda ist daher zunächst das Miturheberrecht zu behandeln, an welches sich die analoge Regelung des Mehrurheberrechts anschließt.[7])

Für das Miturheberrecht sind nun die Normen über die Gemeinschaft nach Bruchteilen, deren Anwendung de lege lata statuiert ist, aus folgenden Gründen zurückzuweisen:

---

[1]) Gierke S. 783 Anm. 80.

[2]) Vgl. S. 24 unserer Arbeit; s. auch Astor, Miturheberrecht S. 28.

[3]) Kohler, ArchZivPrax. Bd. 85 S. 342.

[4]) S. S. 41 und S. 43 unserer Arbeit.

[5]) Eine terminologische Ungenauigkeit liegt insofern vor, als man von einem vollständigen Miturheberrecht höchstens dann sprechen könnte, wenn die beteiligten Autoren beide Teilwerke gemeinsam verfaßt haben. Vgl. S. 44 ff. unserer Arbeit.

[6]) Überhaupt ist im neuen Urheberrecht Kohlers S. 285 ff. nicht mit Sicherheit zu ersehen, welches Rechtsverhältnis am Gesamtwerk bestehen soll, da er bald von einer Realdienstbarkeit spricht, bald von einem Gemeinschaftsverhältnis, das er dann wieder als Gesellschaftsverhältnis bezeichnet (S. 287, V).

[7]) Also umgekehrte Reihenfolge wie im LUG.; vgl. das Norwegische Gesetz.

Es widerspricht zunächst den Interessen der Urheber selbst, daß jeder der beteiligten Autoren über seinen Anteil am Werk verfügen kann. Hierdurch kann der Fall eintreten, daß durch Veräußerung eines Bruchteiles ein Nichtsachverständiger in die Gemeinschaft eintritt, und da er dem Werke, ja vielleicht der Dichtkunst oder Musik überhaupt, völlig fernsteht, bei der Verfügung über das ganze Werk die erforderliche Mitwirkung in Fällen, in denen eine nutzbringende Verwertung des Werkes möglich wäre, verweigert. Dabei ist gar nicht vorausgesetzt, daß diese Weigerung eine schikanöse zu sein braucht, was vielmehr nur dann zutrifft, wenn sie lediglich deshalb geschieht, um die Mitautoren zu schädigen.[1]) Vielmehr ist hier an die mannigfachen Möglichkeiten zu denken, in denen der Neueintretende wegen seiner Sachunkenntnis in vermeintlicher Wahrung seiner Interessen handelt.[2])

Das zweite wichtige Bedenken gegen die Gemeinschaftsnormen bildet die Möglichkeit der jederzeitigen Aufhebung der Gemeinschaft auf Verlangen eines der Autoren (§ 749 BGB.). Denn mangels anderweitiger vertraglicher Vereinbarung muß es alsdann zur Teilung kommen, die, da das Geisteswerk ein unteilbarer Gegenstand ist, durch Verkauf des gemeinschaftlichen Gegenstandes nach den Vorschriften über Pfandverkauf erfolgen muß (§ 753 BGB.). Hierdurch aber werden die Interessen der Mitautoren daran, daß ihnen das Urheberrecht am ganzen Werk erhalten bleibt, durch einseitigen, willkürlichen Akt eines Beteiligten illusorisch gemacht. Allerdings sucht Riezler S. 60 diese mißliche Rechtslage dadurch zu vermeiden, daß er, da der Zwangsverkauf dem § 10 LUG. zuwiderlaufen würde, die Anwendung des § 749 Abs. 2 und 3 BGB. als lex generalis gegenüber dem urheberrechtlichen Spezialgrundsatz der Unmöglichkeit des Zwangsverkaufs wider Willen eines Urhebers ausschließt. Aber abgesehen davon, daß eben hiermit eine der wichtigsten Gemeinschaftsnormen entfallen würde, bleibt die Frage unbeantwortet, wie liegt es in dem Falle des derivativen Miturheberrechts, wo doch der § 10 LUG. dem Zwangsverkauf nicht entgegensteht?[3])

Auch die uneingeschränkte Anwendung der Normen über die Gemeinschaft zur gesamten Hand, die von den meisten Schriftstellern de lege ferenda für das Miturheberrecht postuliert wird,[4]) dürfte abzulehnen sein. Denn darnach bestünde nicht einmal die bei der einfachen Gemeinschaft gegebene Möglichkeit, die Verwertung des ganzen Werkes gegen den schikanösen Widerspruch eines Beteiligten durchzusetzen.

---

[1]) S. § 226 BGB.

[2]) Vgl. hiezu auch Riezler S. 58. Mit der Statuierung eines Vorkaufsrechtes für die verbleibenden Miturheber nach dem Vorschlage Riezlers wäre nur geholfen, wenn dem Rechte dingliche Wirkung zukäme, analog dem Vorkaufsrecht der Miterben im § 2035 BGB. Dies dürfte jedoch, weil zu einer großen Unsicherheit im Verkehr führend, abzulehnen sein.

[3]) Als einen weiteren Grund vgl. auch Riezler S. 58 insbesondere Anm. 9.

[4]) S. Riezler S. 56 Anm. 5; Mandry, UR. S. 108 ff.; Gierke Bd. 1 S. 782; Stobbe, DPrR. Bd. 3 S. 26.

Da somit die im Privatrecht gegebenen Normen über Mitberechtigung das eigentümlich gelagerte Verhältnis unter Miturhebern nicht zutreffend und befriedigend zu regeln imstande sind, erübrigt sich für das Miturheberrecht als institutum sui generis, auch die Aufstellung besonderer Grundsätze de lege ferenda zu fordern.

Nach dem Ausgeführten fassen wir unter Vorbehalt weiterer Begründung unsere Forderungen de lege ferenda bezüglich der Rechtsverhältnisse am literarisch-musikalischen Werk in folgende Bestimmungen zusammen:

§ 5. (Miturheberrecht).[1])

Haben mehrere ein Werk gemeinsam in der Weise verfaßt, daß ihre Arbeiten sich nicht trennen lassen, so gelten sie als Miturheber im Sinne dieses Gesetzes.

Die Verwaltung des gemeinsamen Werkes steht den Miturhebern gemeinschaftlich zu.

Kein Miturheber kann über seinen Anteil am Werk verfügen. Die Verfügung über das ganze Werk steht den Miturhebern gemeinschaftlich zu.

Verweigert ein Miturheber ohne triftigen Grund die erforderliche Einwilligung zu einer ordnungsgemäßen Verwaltungs- oder Verfügungshandlung, so kann auf die Einwilligung von den Mitberechtigten geklagt werden.

Den Miturhebern stehen im Zweifel gleiche Anteile am Werke zu; jedem gebührt ein seinem Anteil entsprechender Bruchteil der Früchte.

Verletzt ein Miturheber seine Pflichten in erheblichem Maße, so können die andern Miturheber gegen Entschädigung Zuteilung seines Anteiles am Werke nach Maßgabe ihrer Anteile im Wege der Klage verlangen.

§ 6. (Literarisch-musikalische Werke — Mehrurheberrecht).

Wird ein Schriftwerk mit einem Werke der Tonkunst verbunden, so steht auch nach der Verbindung jedem Verfasser das Urheberrecht an seinem Werke zu.

Auf das Gesamtwerk finden die Bestimmungen des § 5 Abs. 2—5 Anwendung.

Das Verhältnis am Gesamtwerk kann durch Kündigung aufgehoben werden, wenn ein wichtiger Grund vorliegt.

Begründung.

Zunächst ist zu bemerken, daß die Anwendung der Normen über Miturheberrecht auf das Mehrurheberrecht um deswillen angezeigt erschien, weil die Sachlage, nämlich das gemeinsame Interesse am

---

1) Über die Umkehrung von § 5 und § 6 s. S. 51 unserer Arbeit.

gemeinsamen Werk in beiden Fällen die gleiche ist. Der Unterschied zwischen Mit- und Mehrurheberrecht liegt nur in der Art der Begründung des gemeinsamen Interesses (Untrennbare Mitarbeiterschaft-Verbindung).

Prinzipiell sollen die Normen der Gemeinschaft zur gesamten Hand zur Anwendung gelangen, weil hierdurch einseitige dem Gesamtinteresse widerstreitende Akte der einzelnen Autoren verhindert werden (Verwaltung-Verfügung).

In Abweichung von den Normen über das Gesamthandsverhältnis dagegen wird dem Miturheber bzw. dem Urheber des Einzelwerkes die Möglichkeit gegeben, die zum Zwecke der nutzbringenden Verwertung des ganzen Werkes erforderliche Einwilligung der andern Berechtigten event. im Wege der Klage zu erzwingen. Das rechtskräftige Urteil ersetzt alsdann die mangelnde Einwilligung (ZPO. § 894). Nur so ist die praktische Durchführung des gemeinschaftlichen Interesses am ganzen Werk rechtlich gesichert.

Von besonderer Bedeutung ist beim Miturheberrecht die Statuierung eines Adjudikationsanspruches. Würde man nämlich lediglich ein Kündigungsrecht aus wichtigem Grunde gewähren, wie es sonst bei der Gesamthand geschieht, so käme es in den Fällen der Kündigung zur Aufhebung des Verhältnisses und zur Verwertung des Werkes im Wege des Zwangsverkaufes. Adjudikation dagegen ermöglicht, daß der seine Pflichten nicht erfüllende Urheber gegen Entschädigung ausgeschlossen werden kann, mit der Maßgabe, daß den verbleibenden Autoren sein Anteil im Verhältnis ihrer Anteile zuwächst.[1]) An Stelle der Adjudikation muß bei literarisch-musikalischen Werken (uns. § 6) die Kündigung aus wichtigem Grunde treten,[2]) da sonst ein nicht zu rechtfertigender Eingriff in das Urheberrecht am Einzelwerke stattfinden würde.

Obwohl die Anwendung des § 5 auf die Fälle des § 6 nur bezüglich des Gesamtwerkes gilt, so erleiden doch die Einzelurheberrechte insofern eine Einschränkung, als weder Dichter noch Komponist Verfügungen über das Gesamtwerk treffen können, die dem Gesamtwerk schädlich sind.[3]) Denn durch derartige Verfügungen würden sie ihren bezüglich des Gesamtwerks bestehenden Verpflichtungen zuwiderhandeln.

---

[1]) Analog § 738 BGB.

[2]) Mit Schadensersatzverpflichtung des die Kündigung verschuldenden Teils; vgl. § 276 BGB.

[3]) So kann keiner von ihnen während der Dauer der Verbindung eine anderweitige Verbindung mit seinem Werk vornehmen.

Kolibri 360 GmbH
Ferdinand-Jühlke-Straße 7
99095 Erfurt, Deutschland
produktsicherheit@kolibri360.de